図と
写真で
わかる!

当たるチラシの9原則

9 principles of the sales promotion

宮内亨 著

同文舘出版

はじめに　オンリー・NO1のチラシだけが当たる

「チラシは当たらない」

「すでに時代遅れの販促媒体だ」

「ネットを駆使した最適最新の販促を追求すべし」

以上のようなことが、さも「らしく」論じられています。


しかし実際には、次のように読みとるべきでしょう。

「私の作ったチラシは当たらない」

「だから、流行に合った販促媒体を見つけている最中だ」

「ネットも研究して最新の販促ミックスを構築しなければならない」


しかし、もうすでにチラシを当てているすぐれた商売人は、そのベースに乗って最適販促ミックスを確立して確実に儲け続けています。

１００年以上も続いている紙文化の最強販促媒体といえるチラシを、すでに〝オンリーNO１〟の域にまで高めて、いい商売をやっているのです。

そうした商売人のチラシを紹介したのがこの本です。

オンリーNO1の商品を体現したチラシは当たる

チラシの主役は、売りたい、伝えたい、自己主張したい「商品」です。その商品をオンリーNO1の商品として、捉え育て確立している商売人のチラシは当たるものです。一回一回のチラシの個々のアイテムの客反応、つまり売上数量から自分の商品の捉え方、育て方、確立の仕方をきちんとやっている会社のチラシは当たっています。

では、いかにして商品を捉え、育て、確立するのか——この本でそれを紹介し、まとめ上げました。皆さまのご参考になれば幸いです。

最後に同文舘出版の竹並治子さんには多大なるご支援をいただきました。ありがとうございました。

平成22年8月下旬

宮内　亨

図と写真でわかる！　当たるチラシの9原則◉目次

2章 あなたのイメージをシンプルに主張しよう

3章 商品の品揃えをきちんと行おう

4章

商品の安さをＳ《スーパー》Ｅ《エコノミー》でズバリ伝えよう

5章 商品のお値打ちを最適なメッセージで伝えよう

6章 商品をシンボル商品に育て上げよう

7章

チラシで新しい客層を引きつけよう

8章

チラシで商売の費用対効果を高めよう

9章

チラシのデザインに自分自身を表現しよう

10章

チラシで自分自身を確立しよう

●カバーデザイン　村上顕一（ネイキッド）
●本文デザイン・DTP　シナプス

1章

チラシ9原則でチラシは当たる

1 チラシ原則1
チラシでイメージをシンプルに主張する

チラシをいつも作っているあなた、チラシを「当てたい！」と思っているあなた、もう何年、何十回チラシを作ってきましたか？　あるいは、今からチラシを作ろうと思っているあなたかもしれませんね。

さて、チラシ作成経験者であれば、当初、一体どこに悩んで作ったかを思い出してください。チラシに載せたい商品リストをチラシという一定サイズの紙の中にどう表現し切るかで悩んだのではないでしょうか。一方、チラシ作成未経験者は、そこに商品リストがなければチラシを作りようがないことは想像できるでしょう。

30品目か3000品目かはわかりませんが、そこにチラシ商品リストがなければチラシは作れません。

そのチラシ商品リストとは、あなたが「客に伝えたい商品のイメージ」を一覧表にしたものです。

- チラシにのせたい商品一覧表である
- その商品一覧は、あなたが決めたものだ
- あなたは客に伝えたい商品のイメージを持っていたということだ

つまり、「あなたの商品イメージを自己主張したものがチラシだ」ということになります。

「客に伝えたい商品がまず存在する」「それを伝えて売ってお金に替えたい」「もちろん一定の儲け、粗利は必要だ」――そうした考え方のすべてが「あなたの商品イメージ」そのものなのです。

人間のやることは、なんだってまず自分の「イメージありき」です。何を伝えたいかという「ＷＨＡＴ」がまずあって、それをどう自己主張するかという「ＨＯＷ」を考えることができるのです。このＷＨＡＴからＨＯＷを考えることこそ、チラシ作りの肝なのです。実際にＨＯＷにとりかかることで、当初のＷＨＡＴの課題にも気づいたりするわけです。

さあ、子供のとき感じたイメージで絵を描こうとしたように、チラシを作ってみましょう（詳細は2章）。

チラシ9原則 その1　チラシでイメージをシンプルに主張する

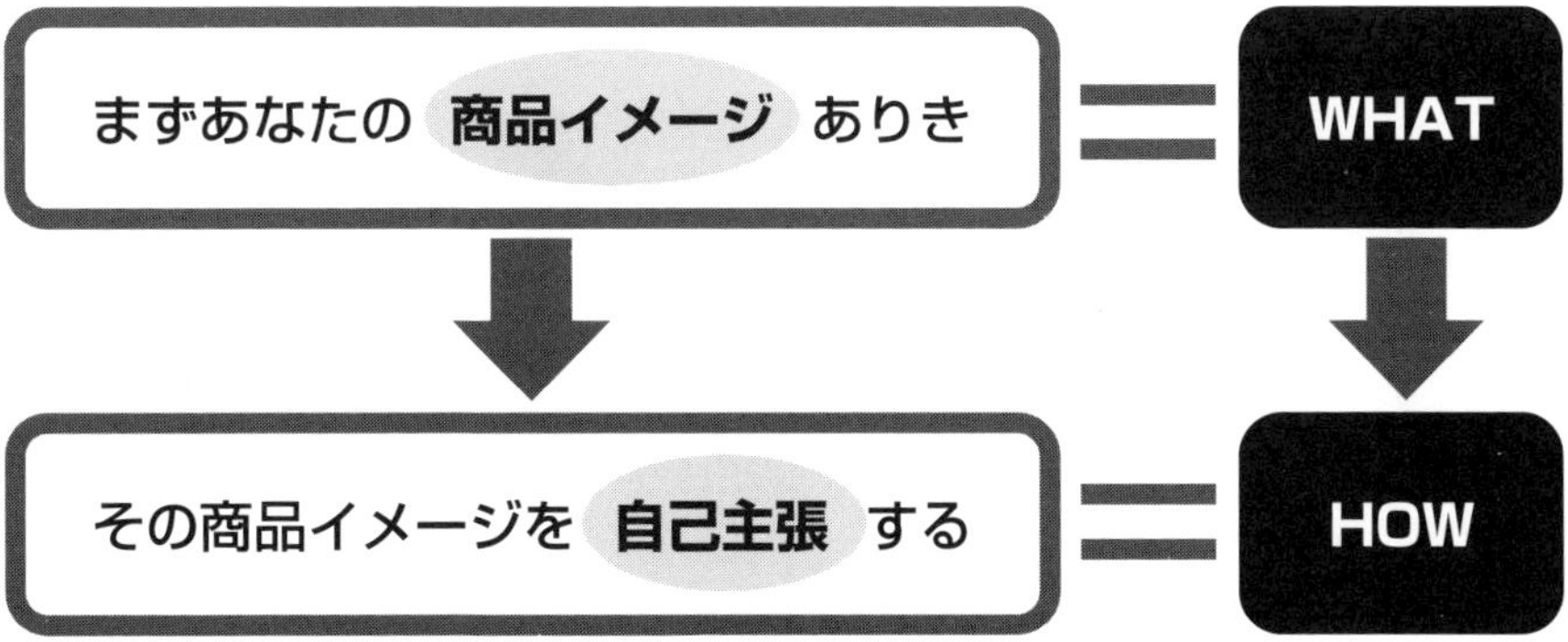
まずあなたの 商品イメージ ありき
WHAT
その商品イメージを 自己主張 する
HOW

POINT
子供のとき絵を描こうとしたように チラシを作ろう

チラシ原則2

2 チラシ作成前に品揃えを考える

「あなたの商品イメージを自己主張したのがチラシ」とお伝えしましたが、商品イメージとは一体どんなものでしょうか?

「正月の初売りチラシだから、おめでたさを訴えたい」「三月のチラシだから春一番のイメージを伝え切りたい」「八月の夏のお盆のチラシだから、帰省客に訴えるチラシにしたい」「十月の創業祭だから、すべてのお客様にすべての力を出し切りたい」——以上のように、おめでたさ、春一番、お盆帰省客、創業祭といったTPOによって、自己主張の仕方、つまりチラシ作りは微妙に異なることでしょう。

しかし、繰り返しますが、人間のやることは「WHAT→HOW」です。「何を・どうするか」なのです。

このWHATが商品であり、商品品揃えなのです。

あなたが客に伝えたい商品イメージを、商品品揃えに具体化していくのです。商品という品を揃え、どういう基準で揃えたかを客に伝えることです。

この品揃えの基準に、そのとき、その場のHOWという自己主張テーマが入り込んでくるわけです。

つまり「商品のイメージを自己主張する」とは、「あなたの商品の品揃えをきちんと行う」ということなのです。

「正月初売りだから、おめでたさを基準に初売り商品リストを作ってチラシを作ろう」「三月春一番のチラシだから、春らしい商品を基準にチラシを作っていく」「八月の帰省客対応お盆チラシをズバリ商品で打ち出していこう」「十月秋の大創業祭だ! 全商品を全力で大きいチラシで訴えていくぞ」というように、どんなTPOのチラシであれ、時期に見合う商品をセレクトして伝えていく販売促進媒体がチラシなのです。

商品品揃えをきちんと行うことが、チラシ作りのまずは基本となります。

商品品揃えができていることこそが、当たるチラシの根幹となります(詳細は3章)。

チラシ９原則 その2

チラシ作成前に品揃えを考える

商品イメージとは商品品揃えである

↓

商品品揃えとは商品という品《しな》を揃えること

↓

商品という品をどういう基準で揃えたかを伝えること

↓

この品揃えの基準に「HOW」という自己主張テーマが入り込んでくる

POINT

商品品揃えこそチラシ作りの根幹だ！

3 チラシ原則3
チラシで商品のお値打ちを伝える

「あなたの商品イメージを自己主張したものがチラシ」とお伝えしました。その商品イメージとは、あなたの商品の品揃えのことで、販売促進、とりわけチラシ販促とは「あなたの商品イメージと商品そのものを自己主張していくこと」でした。

さて、今まで「商品」という言葉をはっきりさせずに使ってきましたが、ここで考えてみましょう。

「商品」とは、誰でも知っていながら、その意味が人によって異なる言葉でしょう（誰でも知っているようで、使い方が異なる言葉に、人間、社会、売上げ、利益などもあります）。私は「商品」の意味を「商品の値打ち」と決めつけて使っていきます。お客が商品と言うとき、商品の値打ちのことを主に言っているからです。

「その商品の価値の価（あたい）がどのくらいか」が商品の値打ちであり、それは商品価値として示され、その価格の高低によって売れたり、売れなかったりするわけですから、客が購入した価格が、その商品の値打ちを示すわけです。

商品は、お客の生活上の何らかの価値を満たすものとして作られ、世に出ます。そして、その特定の価値に「売れるであろう」価格がつけられて売られます。実際に売れた価格がその商品の値打ちを示したことになります。

つまり商品、商品の値打ちは価値対価格の分数、商品（値打ち）は価格分の価値と単純に表現できます。

そして、価値とは機能価値とデザイン価値の相乗から成り立っていると考えるのも常識と言えるでしょう。言い換えれば「機能価値（FV）×デザイン価値（DV）＝使用価値」を伝えるのがチラシと言えるわけです。

この「FV×DV」を伝えて、その割には高くない、いや安い、という印象を客に与え、集客し、競合店に打ち勝っていくのがチラシの役目なのです。

ですから、商品一品一品の価値（機能価値×デザイン価値）がわかりやすく、比較しやすいこともチラシ作りの基本となります（詳細は4・5章）。

チラシ9原則 その3　チラシで商品のお値打ちを伝える

$$\text{商品＝商品の値打ち＝}\frac{\text{価　値}}{\text{価　格}}$$

↓

$$\frac{\text{機能価値×デザイン価値}}{\text{価　格}}$$

POINT

商品品揃えとその商品の値打ちを伝えるのがチラシだ！

4 チラシ原則4
チラシで商品の安さを伝える

チラシ原則3が「チラシで商品のお値打ちを伝える」でした。なぜなら客は価格の割に価値の高いものを必ず購入するからです。

商品のお値打ちをしっかり伝えるとは「商品使用価値の割には価格が安い」ということを伝えることです。

つまり価値／価格（価格分の価値）の相対的安さを伝えることです。

そのこととチラシ原則4の「あなたの商品の安さをきちんと伝えよう」はどういう関係にあるのでしょうか？

このチラシ原則3と4をいいかげんに捉えている商売人、チラシ作成者が意外と多いのです。

商品のお値打ちには四つのモデルがあることを、左図で示しています。

㋑使用価値が高く価格も高いハイイメージ型の商品

㋺㋑ほど使用価値は高くはないが、高いほうであり、価格もそこそこ高い専門店型の商品

㋩使用価値は普通、並であり、価格も並以下の量販店型の商品

㊁使用価値が低く、価格もかなり低い、ディスカウント店型の商品

この四つのモデルの主に**㊁の商品を世間並か世間以上に安く売るのが**ディスカウンターであり、それこそが**商品の安さを伝えること**なのです。

決して、**㋩㋺㋑の高グレード商品を安くすることではありません。**

もしそうすれば、粗利率低下を招いて商売そのものが成り立ちません。つまり企業、店はつぶれるのです。

世の店の大半は力相応に㋩→㋺→㋑の順に売れ筋商品を作り、集客商品としてディスカウント店型の商品㊁を作るのです。言葉をかえれば、この安い商品㊁と売れ筋商品の㋩や㋺のつながりが大切なのです。

「商品の安さをきちんと伝える」ことは、商品揃えを㊁→㋩→㋺→㋑と整理して提供していくこと、チラシで伝えていくことになります（詳細は4・5章）。

チラシ９原則 その４　チラシで商品の安さを伝える

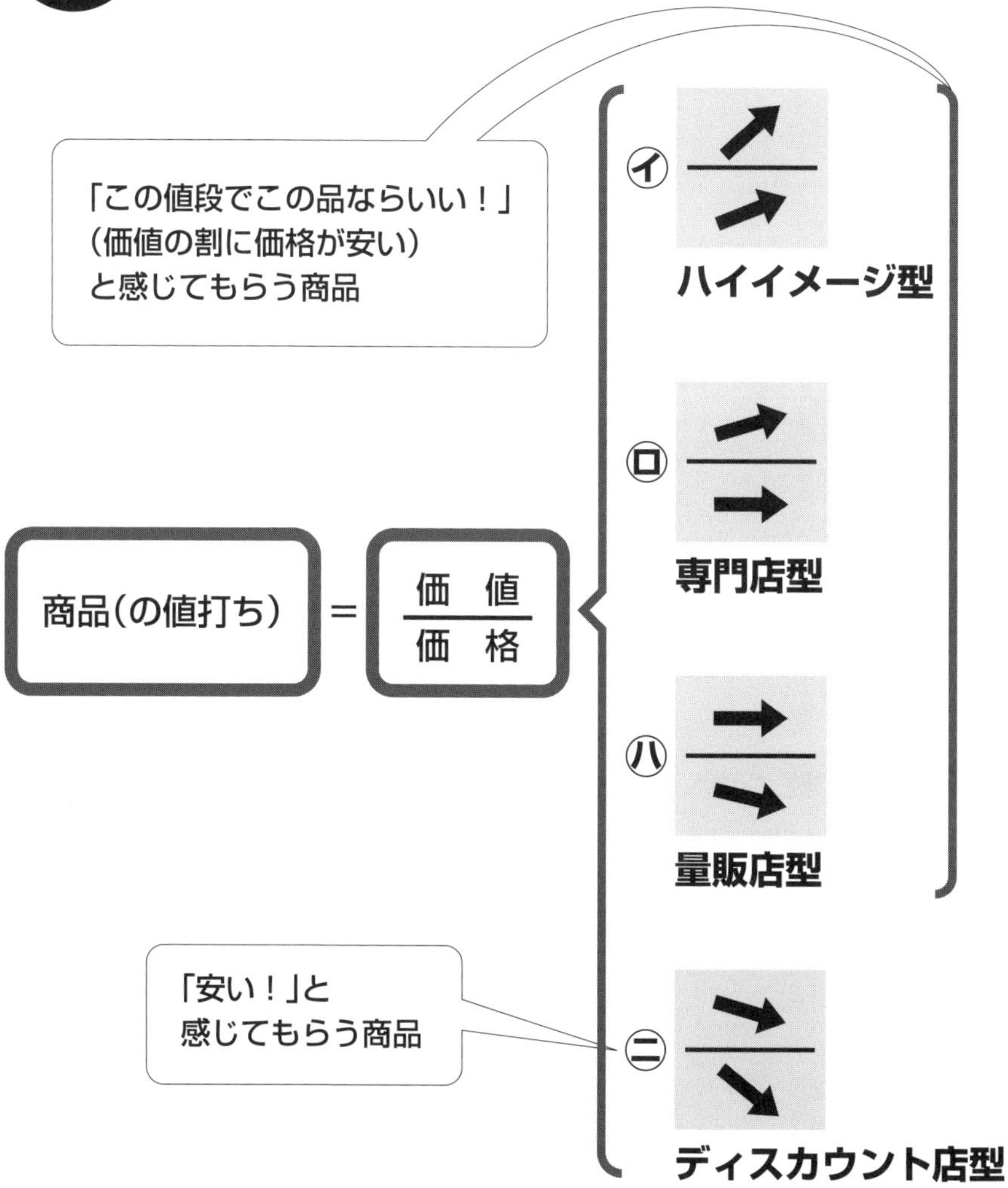

POINT　商品の安さは主に㋑㋺㋩㋥の㋥で伝えよう

5 チラシ原則5
チラシでシンボル商品をズバリ伝える

商品の安さは「価値／価格」という値打ちが一番下グレードの商品、つまりディスカウント店型の商品で表現するもの、とお伝えしました。

㊁のディスカウント店型商品とは使用価値が機能価値に限定され、デザイン価値があまりない商品です。たとえば歯ブラシなら、歯が磨けるだけのホテルの使い捨て歯ブラシのようなものです。

日本のような超文明社会では、機能商品、とりあえず商品、間に合わせ商品、低グレード商品でも十分立派な商品であり、この商品で集客して、競合店に勝つことが必須となります。

とはいえ、㊁ディスカウント店型商品だけだと、ディスカウンターと見なされあまり尊敬されません。その上のグレード商品、デザイン商品の㋩量販店型商品、㋺専門店型商品、そしてトップの㋑ハイイメージ型商品に売れ筋商品を作らねばなりません。**その売れ筋商品をあなたの「シンボル商品」として育て上げねばならないのです。**

「あなたの商品の安さをきちんと伝えて」集客する上で、「あなたのシンボル商品をズバリ伝える」のがチラシの仕事です。商品のお値打ちの品揃えをあれこれ検討して、チラシに表現していくのです。

もちろん超競争状態で商売していくわけですから、シンボル商品を㋩でも㋺でも㋑でもたくさん作れるわけではありませんが、シンボル商品のないチラシでは、魅力に欠けると言わざるを得ません。

量販店型商品は市場規模が大きいので、ロット狙いをしてまずはシンボル商品にします。専門店型商品も客層をしぼってシェアアップをはかってシンボル商品に育てていきます。ハイイメージ型商品は超専門店の証しとして、超シンボル商品に育て上げたいものです。

超商品過剰社会で商品があり余っているわけですから、それなりの商品をそれなりに売っても、買ってもらうことはできません。**売れ筋商品をシンボリックに伝えることが大切**なのです（詳細は6章）。

チラシ9原則 その5　チラシでシンボル商品をズバリ伝える

あなたのシンボル商品					
量販店型商品		専門店型商品		ハイイメージ型商品	
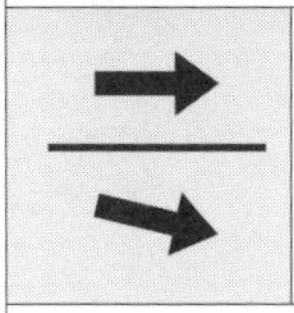	㋩		㋺		㋑
〈世の中の一例〉 無印良品		〈世の中の一例〉 専門店の ストアブランド品		〈世の中の一例〉 トップブランド商品	

あなたのディスカウント店型商品		
	㋥	これであなたの商品の安さを きちんと伝える

POINT

㋑といわないが㋺や㋩で一品でいいから
シンボル商品を作ろう

6 チラシ原則6 チラシで新しい客層を引きつける

チラシを打とうが打つまいが、チラシを当てようが当てまいが、店の売上、それを支える客数、客層が一気に変わることはありません。

これまで何年、何十年と培ってきた客が急に減ったりはしませんが、何もしなければ売上は少しずつ下がっていきます。それは固定客が齢をとったり、移転するなどで自然消滅するからです。一般的に、客数は1年間で7～11%が下がると言われています。

その10%近いダウンは、今までの客層だけでなく新しい客層で補う、つまり客層の若返りをはからなければなりません。その新しい客層を引きつけるのがチラシの役割と言えます。

左図のように、商品で新しい客層を引きつけねばなりません。

- 「商品の安さ」で「商品の安さを求める客」に対応する
- 「品揃えのよさ」で「商品の品揃えのよさを求める客」に対応する
- 「夢のあるシンボル商品」で「商品に夢を求める客」に訴えていく

新しい客層を引きつける、あるいは客の若返りをめざすのも、すべて商品でやるのです。その商品をわかりやすくチラシに具現化していくのです。

つまり、**「安さ」と「品揃え」と「シンボル的夢」が商品を通してズバリ伝わってくるチラシが、当たるいいチラシ**なのです。

そのどれが欠けてもチラシは当たりません。

ちなみに、商品に要求される「安さ」は人間に要求される「気さくさ」「気軽さ」に照応し、「品揃え」は人間の「バラエティの豊かさ」「実質の多面性」に、「シンボル的夢」は人間の「夢」「オーラ」に照応すると言えます。

どうやら商品のテーマは人のテーマと照応しており、その魅力をチラシ展開していくことのようです。つまり、「新しい客層を引きつける」のはチラシという紙ではなく、作成する人の商品センスにあるのです（詳細は7章）。

チラシ９原則 その6

チラシで新しい客層を引きつける

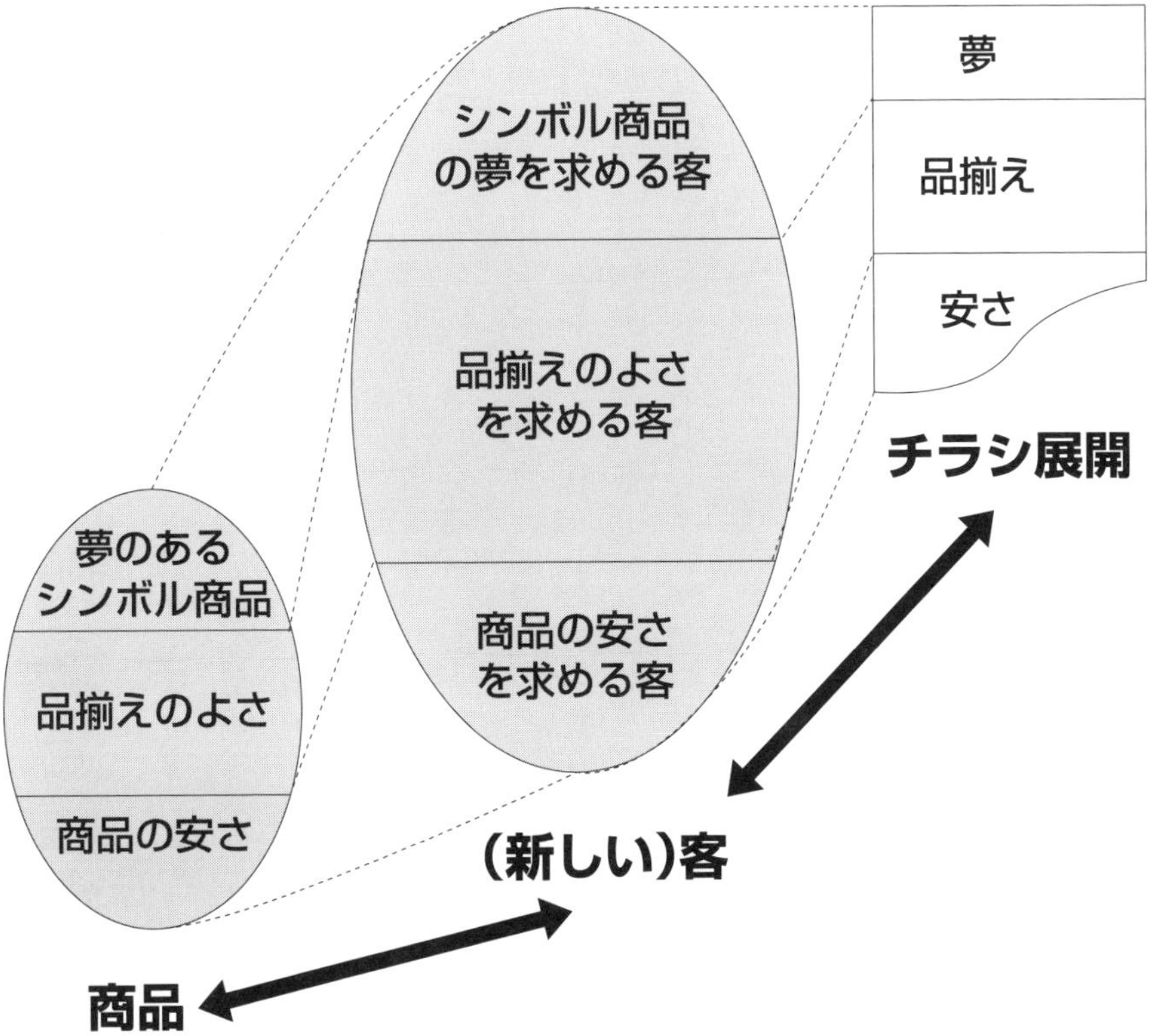

POINT

常にいろいろな新しい客(層)を引きつけるのがチラシだ

チラシ原則7

7 チラシで経営の費用対効果を高める

「チラシは金がかかる」「なかなかペイしない」という声がよく経営者から聞こえてきますが、それは「あなたのチラシが」と特定して言っていただきたい。私は逆に「経営の費用対効果を高めるのがチラシだ」と申し上げたい。

例えば、5万枚のチラシを作るのに60万円かかるとします（折込み料込みで1枚12円）。これは粗利から払う経費ですから、最低でも粗利が60万円増えるチラシ、粗利率30％なら売上げが200万円増えるチラシをまずは作ればいいのです。

売上げ200万円を、チラシ集客分と接客売上分で確保するわけですが、チラシ経費（60万円、売上にして200万円）はチラシ集客分のみで稼ぎ出すという考え方が大切です。

チラシ掲載商品の平均売上単価が300円なら、2点買ってもらったとして、3000人以上の新規客を1週間でとっていくチラシ作りをします。

平均単価が3000円なら、1点買ってもらったとして、700人近い新規客を1週間でとる、平均単価が3万円なら、1点買っていただいたとして、70人近い新規客を1週間でとるチラシ作りが必要です。

もちろん実際の購入客は新規客ではなく、まずは固定客からとなりますが、新規客に訴えるチラシこそが固定客にも伝わるのです。

300円2点なら3000人、3000円なら700人、3万円なら70人の売上げをあげるには、安直なイベントなどでは達成できません。

先の「安い商品」「品揃え商品」「夢のあるシンボル商品」が三位一体となったチラシを作るには、何人の客に来ていただき、購入していただくのか、事前の読みをしておかなければなりません。

チラシ商品リストで**事前の売上げシミュレーションをすることこそがチラシ作りのキモであること**がわかると、きちんとペイするチラシになるのです（詳細は8章）。

チラシ９原則 その7

チラシで経営の費用対効果を高める

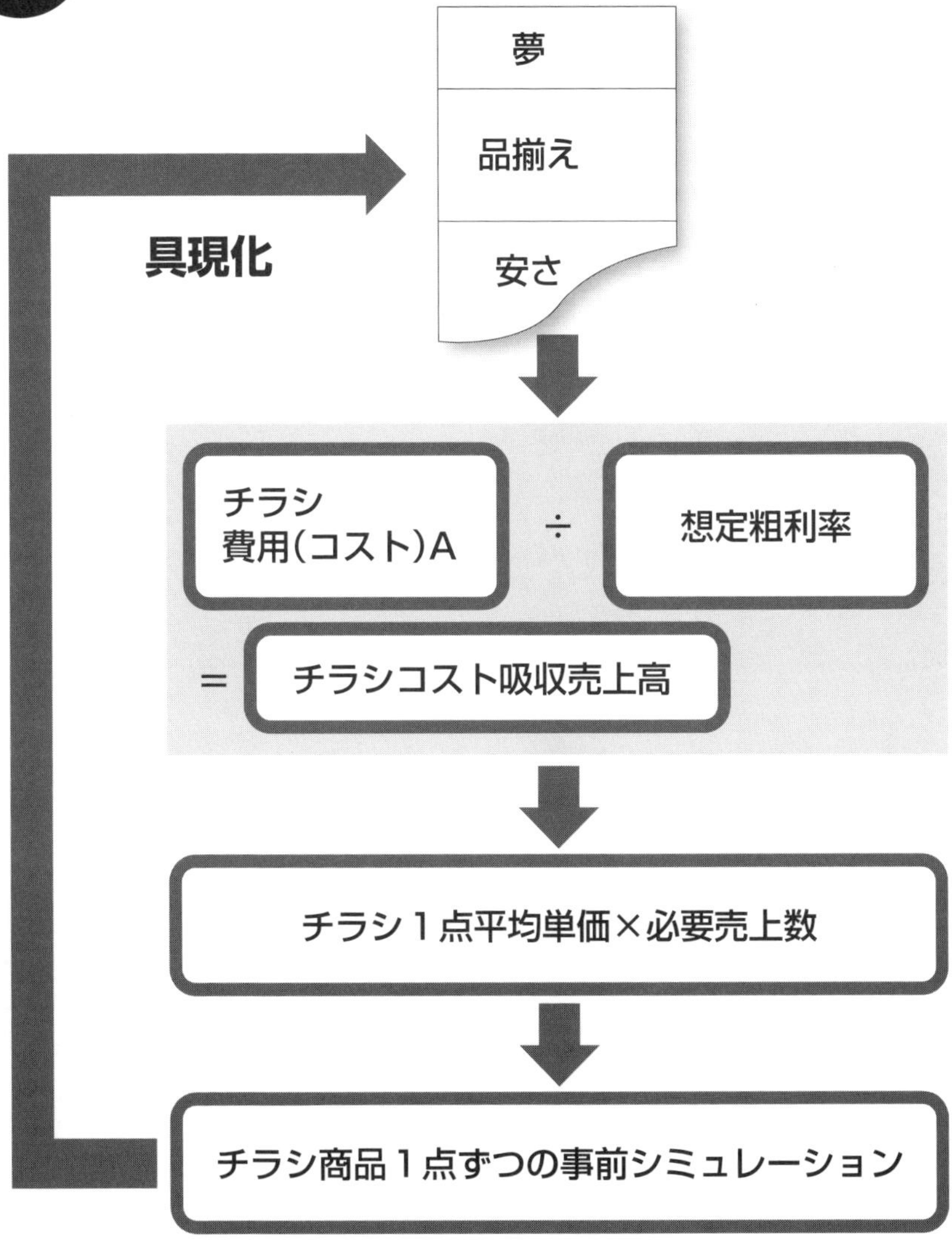

POINT

チラシ商品一点ずつがどのくらい売れるか、事前の読みのないチラシはダメ

8 チラシ原則8
チラシのデザインに自分自身を表現する

チラシなどの販売促進は自己主張そのものであるがゆえに、デザイン（造型）といえます。

チラシを当てて、自己主張デザインの検証をしていくことは奥深くもあり、楽しいことです。

デザインは自己満足から始まるものですから、他者、とりわけお客との関係で検証しつつ、幅と奥行きをきわめていきましょう。

そのひとつの方法論を左図で示しました。

まずは素朴に、そのチラシが「当たったか」（経費はペイしたか）の判定から入ります。当たらない場合も多いものですが、失敗から学び検証するのです。

「安さ」（気さくさ）があったか否かが第一検証ポイントです。「品揃え」（バラエティさ）が第二検証ポイントです。第三検証ポイントは「夢」（シンボル）です。

もちろん、3ポイントとも競合店との相対的関係で決まります。

時には、3ポイントのうち2ポイントが競合より上でも、チラシがはずれることもあります。

要はダメなとき、ハズレのときでも小手先だけの見直しをしないことです。商品の何がいけなかったのか、伝え方のどこが足らなかったのか、単なる商品ではなく、自分にとっての商品、自分のこととして、つまり「あなた自身が表れたデザイン」となっているかを検証していくことが大切です。

8パターンのどこに自分と商品がポジショニングされるかを確認しましょう。それをマクロに押さえながら、「安さ」×「品揃え」×「夢」が商品としてどう一体化しているかを考えていくことです。

安く、気軽にみえるデザインとは？

品揃えが伝わるデザインとは？

夢が伝わっていくデザインとは？

そうした「自分の生きるデザイン」を検証してチラシを当てましょう（詳細は9章）。

チラシ9原則 その8

チラシのデザインに自分自身を表現する

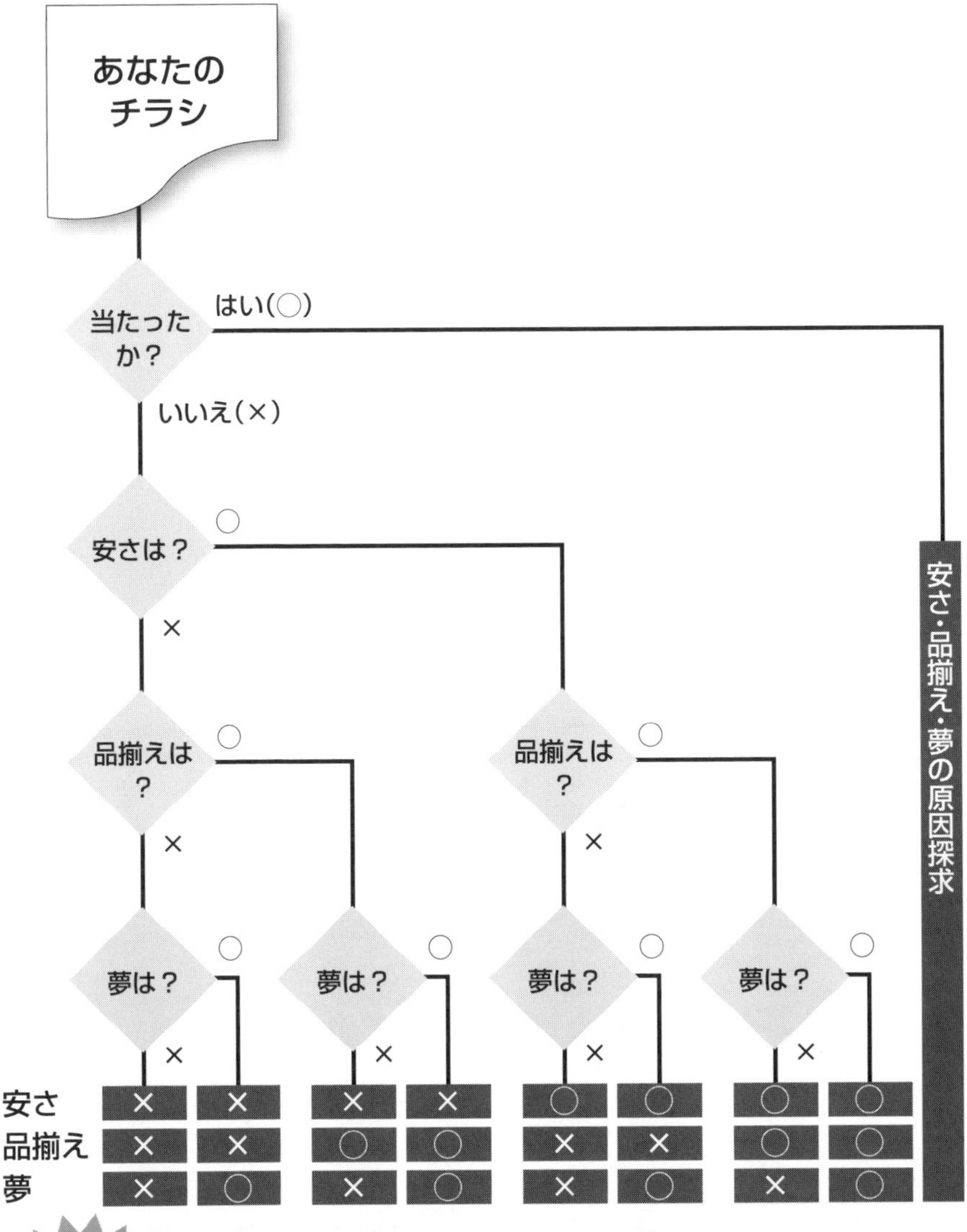

POINT

論理的には16パターンあり！ 検証をちゃんとすることがチラシを当てるポイント！

9 チラシ原則9 チラシで自分自身を商品にする

安く、気軽にみえるデザイン、品揃え、バラエティ豊かさが伝わるデザイン、夢が伝わっていくデザインがチラシに生かせれば、チラシは多くの人に伝わって支持され、つまりはチラシが当たることになっていくはずです。チラシという表現媒体で「自分が表れたデザイン」となっているかを検証することが何より大切なのです。

自分をデザインで表現できる、それが商品の気軽さ、バラエティ豊かさ、夢として表現できていれば、チラシは当たります。当たる、つまり他者の支持で自分の生き方を検証することができるのです。

「チラシのデザインにあなた自身を表現する」ことは、「チラシであなた自身を商品にする」に必ずつながります。

デザイン（造型）という自己表現は、表現するモノ、つまり商品という自己そのものに向かっていきます。「商品とデザイン」「自分とイメージ表現」「WHATとHOW」の二極を行ったり来たりするのです。

自分という商品の気さくさ、安さ、バラエティ豊かさ、品揃えの豊かさ、将来への夢そのものとデザインが問われ、検証され、その確立の度合い、自信の深さが問われてきます。

多少なりとも、そういう着眼点がなければ、チラシはお客様に伝わらないし、支持されないし、自分が商品として確立することもありません。

チラシによって商品が売れればうれしい。チラシで自分の気さくさが伝われば心がなごやかになる。チラシで自分のバラエティさを理解してもらえれば心からうれしい。チラシで自分の夢が伝わり切ればこの上もない。

そうして自分を商品として確立していければ、こんなにすばらしいことはないでしょう。

自分を確立するということは商品、つまり他者の手段として商品確立していくことです。少なくとも、この資本主義社会においてはまさにそうなのです。チラシのような販促媒体は商品確立、つまり自己確立するためにあるといっても過言ではありません（詳細は10章）。

チラシ9原則
その9

チラシで自分自身を商品にする

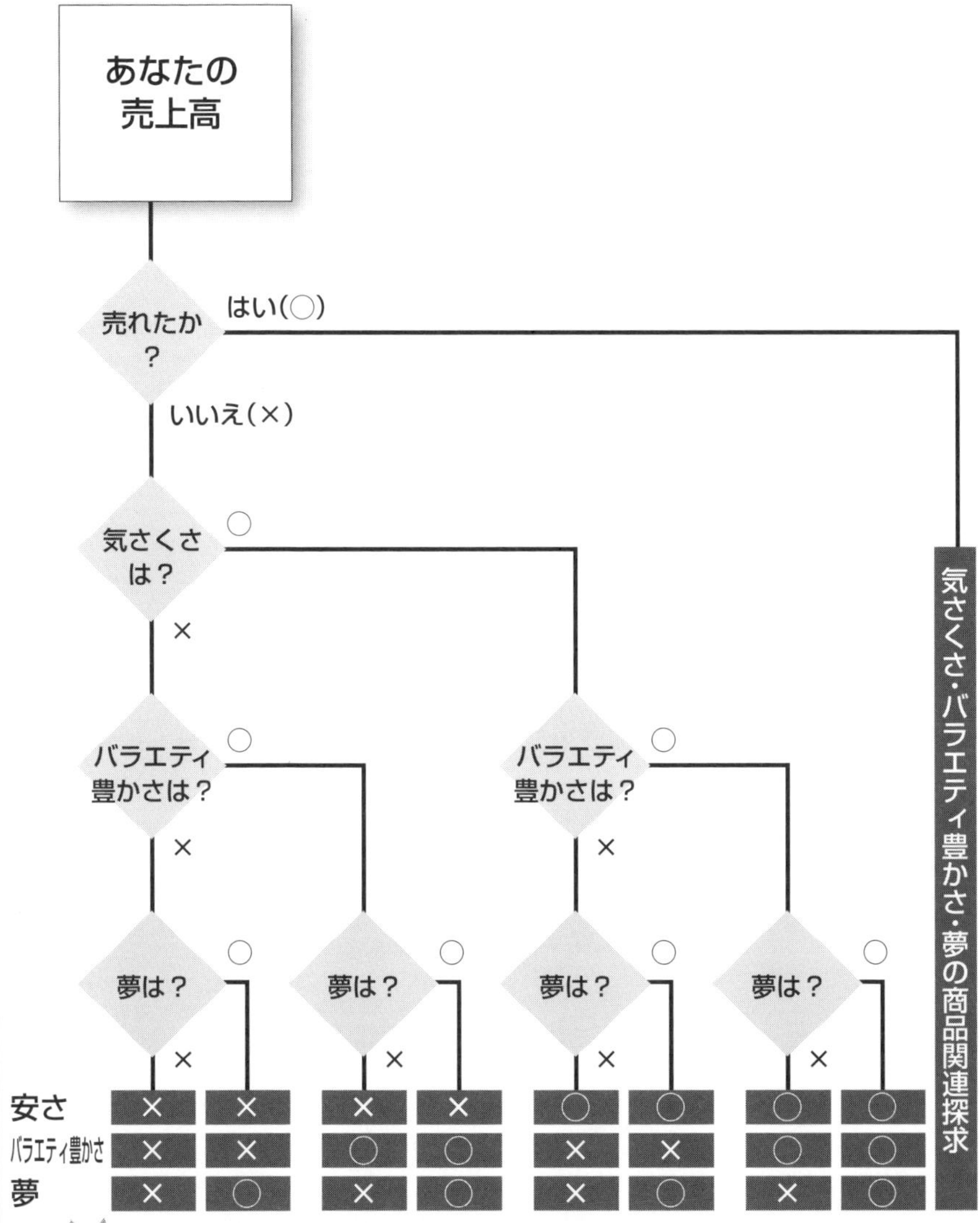

POINT

論理的には16パターンあり！　検証はちゃんとやろう　そして当てよう

2章

あなたのイメージをシンプルに主張しよう

1 オンリーワンのイメージを主張するのがチラシだ！

「あなたの商品イメージの自己主張がチラシ」でした。

そのイメージは唯一無二のオンリーワンで、1万人の人がいれば1万通りのイメージがあります。つまり私たちはオンリーワンのイメージタンクなのです。

そのオンリーワンのイメージを主張し、実践していくのが仕事と言えるでしょう。

チラシ1「築地木村家」のあんぱんチラシも当然オンリーワンのそれです。

- 表面で「あんぱんは地元江戸っ子築地市場に育てられて100年」をタイトル的に表現
- 「かきくけこ」「さしすせそ」のあかさたなでその内容をシンボリックに伝える
- 裏面で「名物けしあんぱん」他商品をこまかくこまかく伝え切っている
- 今は亡き2代目に4代目の自分をPRさせたり、移動販売車やあんぱん試食券を伝えている

この築地木村家4代目内田秀司の自己主張チラシが格別すぐれているのではありませんが、伝えたいことをB5チラシという小さなワクの中で精一杯伝えようとしている点がすばらしいのです。

築地木村家などまったく知らない人でも、このチラシを手に取れば、その人のイメージで何かを感じてくれるはずです。結果的に内田社長のイメージで伝わるのは、次のようなことでしょう。

「木村家という『（あん）パン屋』は築地市場にあるらしい」「うまいものがいろいろある築地で育てられて100年と歴史もあるらしい」「この木村家は、けしあん・こしあん・くりあんぱんといったカ行あんぱんがうまいらしい」「あんぱん以外にも菓子パン（ペストリー）がいろいろあって移動販売もしている」

B5サイズという小さなチラシの中で、目一杯いろいろなことを伝えています。

あんぱんは地元江戸っ子築地市場に育てられて100年
築地にうまいものあり!!
魚河岸
築地が面白い
木村家
伝統の中に新しい風がそよでよ吹いている。そんな味を創り続けています。
四代目 内田秀司
けしあんぱん 150円
こしあん たっぷりで 体にいい!!
つぶあんぱん こし 370円 つぶ 260円
築地木村家だけの限定メニュー
①あんぱんソフトクリーム 300円
②揚げあんぱん 200円
③魚河岸サンド 行ってのお楽しみ!!
築地木村家　場外市場店はこんなお店
築地木村家 〒104-0045 東京都中央区築地4-14-1 モンテベルデ106
Tel: 03-3546-6235　Fax: 03-3542-9352
E-mail: tsukiji-kimuraya@world.ocn.ne.jp
http://www.tsukiji-kimuraya.com/index.html

チラシ１表

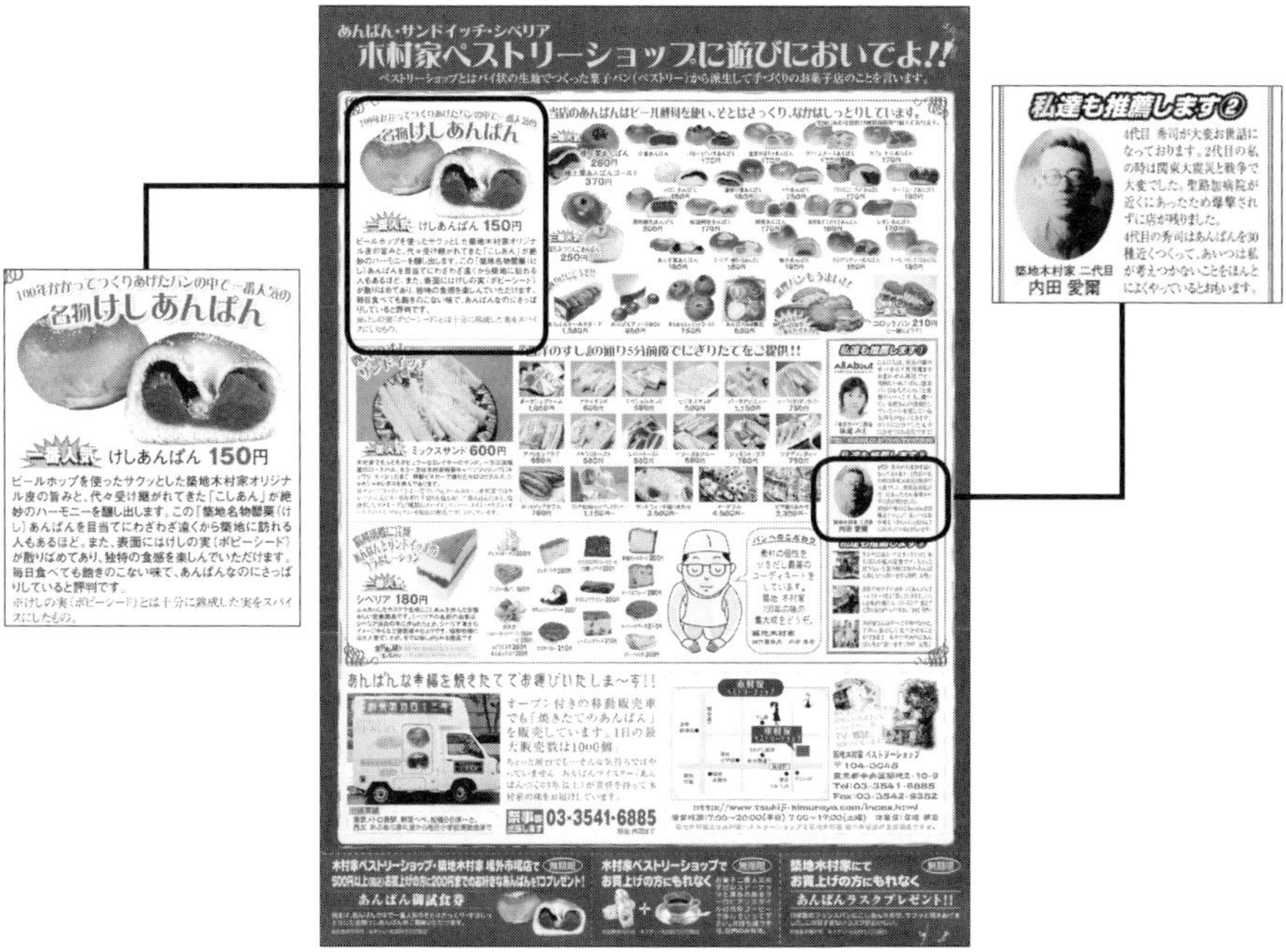
あんぱん・サンドイッチ・シベリア
木村家ペストリーショップに遊びにおいでよ!!
当店のあんぱんはビール酵母を使い、そとはさっくり、なかはしっとりしています。
100年かかってつくりあげたパンの中で一番人気の
名物けしあんぱん
一番人気　けしあんぱん 150円
ビールホップを使ったサクッとした築地木村家オリジナル皮の旨みと、代々受け継がれてきた「こしあん」が絶妙のハーモニーを醸し出します。この「築地名物罌粟(けし)あんぱん」を目当てにわざわざ遠くから築地に訪れる人もあるほど。また、表面にはけしの実(ポピーシード)が散りばめてあり、独特の食感を楽しんでいただけます。毎日食べても飽きのこない味で、あんぱんなのにさっぱりしていると評判です。
※けしの実(ポピーシード)とは十分に熟成した実をスパイスにしたもの。
ミックスサンド 600円
シベリア 180円
あんぱんな幸福を焼きたてでお届けいたしま～す!!
03-3541-6885
私達も推薦します②
4代目　秀司が大変お世話になっております。2代目の私の時は関東大震災と戦争で大変でした。聖路加病院が近くにあったため爆撃されずに店が残りました。
4代目の秀司はあんぱんを30種近くつくって、あいつは私が考えつかないことをほんとによくやっていると思います。
築地木村家 二代目
内田 愛爾
あんぱんラスクプレゼント!!

チラシ１裏

2 自分のイメージが客のためになればチラシは当たる

「自分のイメージがいろいろと伝えられるのがチラシ」であるのは間違いありませんが、そのイメージが「客のためになる」必要があるのは言うまでもありません。

しかしイメージとは本来、自分の、こちら側のイメージですから、「客のためになる」のを意図したとしても、必ずしもそうならずにチラシが大はずれすることだって多いのです。

先の築地木村家のあんぱんチラシの総コストは約20万円、1ヶ月で80万円ほど売上アップしたので、直接費用対効果もペイし、「客のためになり」「木村社長の経営のためにもなり」ました。

チラシ2「くじらや」のくじらや新聞チラシも「客のため」を狙って作成され、配られています（「くじらや」は大学内の学生食堂なので、チラシをまいているのではなく、学食で学生さんに手取りしてもらっています）。

・学生さんがあまり食べない栄養満点の朝ごはんを200円、350円の2アイテム伝えている

・朝ごはん三つの効能、「体をあたためる」「血糖値を上げる」「直腸反射で便秘改善」をまじめに伝えている

・人気の旨いカレーを安くして、一日400食を狙った（記録は700食達成）

・くじらに乗った大道社長、魚を持った大道裕子店長をイラストで気さくに伝えている

ひたすら「そのイメージが客のためになる」ことを意図して、学校のカベ新聞を作るセンスでチラシ作りをしたことで、「あったかほっこりみんなの食堂・くじらや」を伝えたい思いが伝わってきます。

その証拠に400食限定のカレーが売り切れて、今ではコンスタントに600食を超えるまでになりました。

くじらやは、商品そのものを具体的に伝えているほか、客のために回数券をつけたり5日連続大安売りを実施し、粗利率を切りつめて頑張っています。「客のためになること」と「私はこうしています、こう考えます」をズバリ伝えているのです。

発行　平成21年 2月 吉日　　あったか ほっこり みんなの食堂　くじらや

くじらやのあたたかい朝ごはん

くじらや新聞
第一号

感謝！頑固親父カレーが1日440皿の記録更新中！

早朝8時より

くじらやの朝ごはんセットは、炊きたてごはんはもちろん、ご注文をいただいてからブランド卵を使用し、ベーコンで旨みを加えたスクランブルエッグがついたとてもお得なできたて朝ごはんです。

朝ごはん4点セット
（ごはん、豆腐、味噌汁、卵料理）

あたたかい朝ごはん3つの効能

その1　体をあたためる
朝は一日の中で一番体温が低い時間帯です。ぼーとしている原因のひとつと考えられています。睡眠中に低下した体温を上げるためには、あたたかい朝ごはんを食べるのがもっとも効果的です。また体をあたためるには、炭水化物の3倍食事誘導性熱産生（DIT）があるタンパク質、つまり卵を食べるのがもっとも効果的です。

その2　血糖値を上げる
脳はエネルギーを蓄えることができないので寝起きは、低血糖状態で頭がぼーとしています。朝ごはんで炭水化物、つまりご飯を取ることでしっかり脳が働くようになります。

その3　直腸反射で便秘改善
朝のからっぽの胃にご飯が入り胃が膨らむと自動的に大腸が運動し始め便意が起こります。便秘の方は利用しない手はありません。特に温かい味噌汁が液体で食物繊維も含まれ効果的です。

発行所
吹田市山田丘2-5
阪大本部前　福利会館2階
阪大食堂くじらや

発行者
くじらや店長　大道　裕子

前売り券使用でさらにお安く食べれます

あたたかい朝ごはん　200円
ごはん、みそ汁、味付けのり、生卵の4点

朝食回数券販売中
朝ごはんを食べてほしいから、お得な朝ごはん回数券を作成し販売中です。右の写真のあたたかい朝ごはんが10回分の料金で11回分食べられとてもお得です。差額を　お金で足すことで上記の朝ごはんセットを注文することも可能です。自動販売機横のレジにて販売中
価格
11枚つづりで2，000円

毎週木曜日はモクモク
くじらの日でカレーが安い!!

ご存知ですか？
ドレッシング・マヨネーズも、実は私の手作りです
サラダにたくさんマヨネーズをかけて食べるのって美味しいですよね。私こと大道裕子が、毎日マヨネーズ、ごま味噌マヨネーズを仕込んでいます。本当の無添加。
マヨネーズは、からし、コショウ、塩、さくら卵、お酢、サラダ油。ごま味噌マヨネーズは、マヨネーズをベースにすりごま、味噌、砂糖、黒胡麻、ねり胡麻が入っています

毎日、二つあわせれば15ℓ以上つくっています。一番大変なのは、ちょっとづつ分離しないようサラダ油をいれていき、手作業で泡だて器でかき混ぜていくところ。酢を入れ終わるとハンドミキサーでさらにきめ細かくしてきます。でも最後はまた手動でお酢をいれて伸ばして調整をしていくんです。無添加なので新鮮な野菜にたっぷりかけテお召し上がりくださいネ。

チラシ2

感謝!!

大阪大学　学生部のご好意でくじらやのテーブル・イスを新調していただきました。
皆さまがくじらやでさらに快適にご飲食していただけるようになりました。
これを感謝しまして、還元セールをささやかながら1週間開催させていただきます。
この機会にぜひご来店ください
店主　敬白

食堂くじらやがとても綺麗になりました

★★モクモクくじらの日を5日間連続開催決定★★

平成21年2月9日（月）～14日（土）まで
※2月11日は祝日のためお休み致します

★人気の旨いカレーが安い!!
くじらやのカレーは頑固親父がルーからすべて手作り、だからうまい!!

・カツカレー　400円を**340円**に
・エビフライカレー　420円を**360円**に
・温玉のせカレー　360円を**320円**に

★さらに人気メニューが安い!!

・朝）朝食（4点セット）200円を**180円**に
（味付けのり、生卵、ライス、みそ汁）
・昼）大学ランチ　430円を**400円**に
・夜）夕食（4点セット）540円を**500円**に
（献立は日替わりでご用意しています）

吹田市山田丘2-5
阪大本部前　福利会館2階
平日　朝8時～20時　土　朝8時～15時
定休日　日曜、祝日
あったか ほっこり みんなの食堂
くじらや

3 チラシには「善のイメージ」を打ち出せ！

さて、「客のためになるイメージ」とは一体どういうイメージでしょうか？

客はどういうイメージを好ましいものとして支持するのでしょうか？

そのときに役立つ考え方が、昔の人の常識だった「真善美」——人にとっての普遍的価値とは「真なるもの、善なるもの、美しいもの」——という捉え方です。

「真善美」を、もう少し具体的に考えてみましょう。私は次のように捉え直します。

まずは「善のイメージ」です。これは社会的に当然なことで、子供のときに親・学校で教育されるものです。

次は「真のイメージ」で、これこそ仕事に欠かせないものです。社会人として人の役に立つことが真だと言えます。

そして最後は「美のイメージ」です。どんなことでも、究極は美の探究であり、チラシ作りだろうがなんだろうが、人の営みの究極は「美」、つまり「かっこいい」にあります。

私たちは「善」→「真」→「美」とレベルアップしていき続けるもので、仕事にもチラシ作りにも、「善→真→美」のレベルがあるのだと思います。

チラシ1「築地木村家」のあんぱんチラシからは、築地という地域の中の、永い歴史の中での、あんぱんという食べ物のほのぼのとした善と真を感じさせます。

チラシ2「くじらや」の学食新聞チラシも「あたたかい朝ごはん3つの効能」に善と真を感じます。学生さんには特に朝ごはんが大切なので効能も知ってほしい。くじらや大道社長と裕子店長のキャラクターに美を少しでも感じてもらえれば、それにこしたことはない、そうした意図も感じられます。

イメージの広がりと深まりに限界はありません。人間の想像、創造はここまで発展してきて、地球そのものを食い尽くすところまできました。そうした人のイメージのレベル化として、「善→真→美」はますます大切です。

チラシも仕事も人生も３段階で発展する

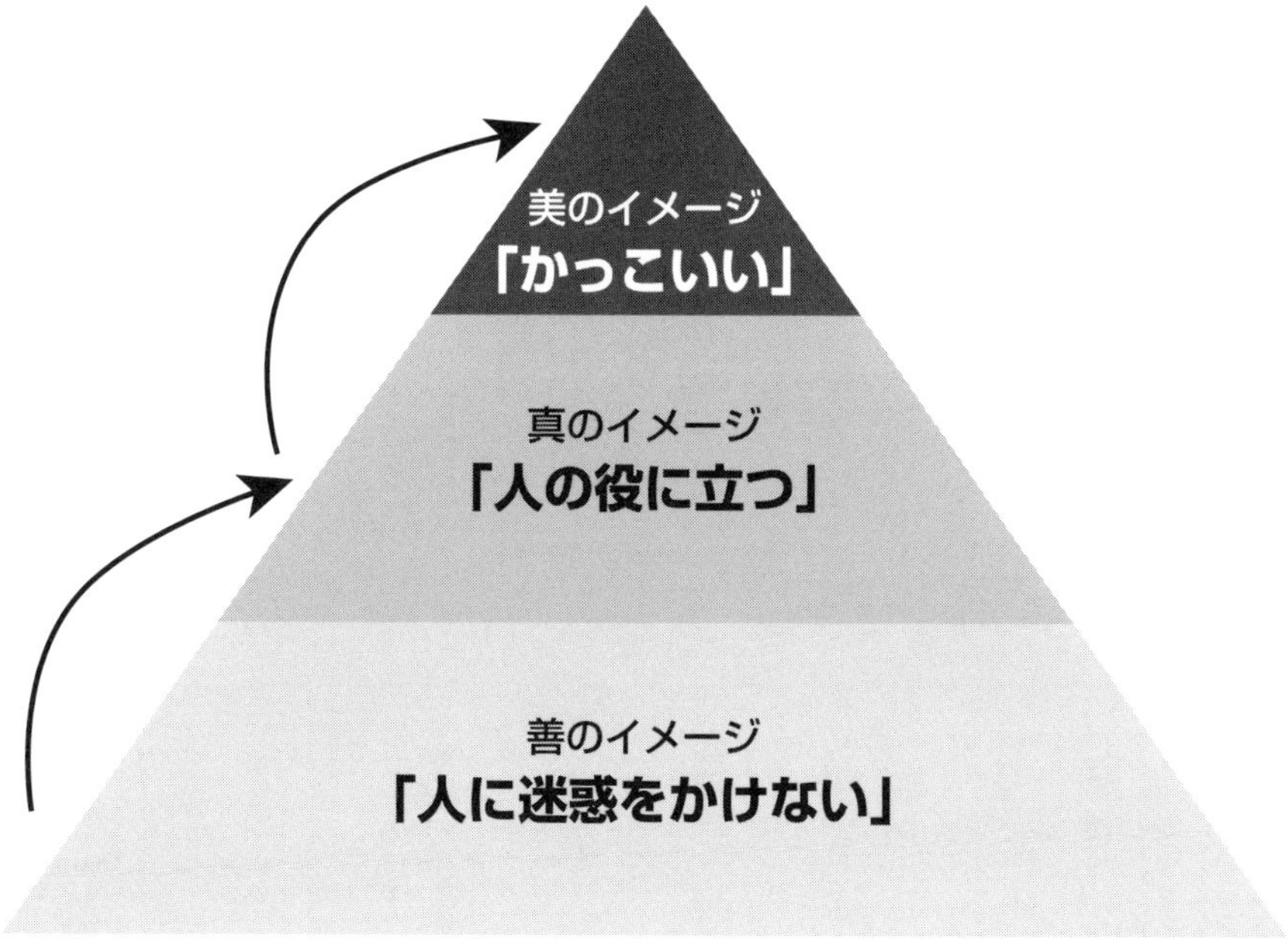

POINT
「善→真→美」とレベルアップしていく人生・仕事がいい。チラシもまったく同じ

4 チラシには「真のイメージ」を打ち出せ！

「社会的に当然なこと」である「善のイメージ」の次の段階は「真のイメージ」です。チラシ3「リフォームワン」の技術チラシ（40ページ）を見てください。リフォーム業の当たりチラシの好事例です。

「地元で一番の職人が心と技術で塗り替えます」のタイトルは「善→真」そのものです。

リフォームワンが長野県上田市の塗装一番店である証拠は、「外壁塗装」と「屋根塗装」のくわしいメニューのグレード表をチラシにのせていることです。「真のイメージ」は商品そのものの品揃えをその根拠にまで遡って伝えていくことです。裏面でも「水まわりリフォーム」を部位別用途別にしっかりと伝えて、真のイメージを出しています。

善のイメージとは、消極的に言えば「人に迷惑をかけない」ことですが、積極的には「置かれた立場できちんとしている」「最低限のことをきちんとしている」であろうと思います。

その善のイメージが真のイメージへと転化するのは、「自分のできることできちんと世の中の役に立つ」ときでありましょう。さらに真のイメージを確立するには、「役立つ根拠までをきちんと伝えられる」ことが必要でしょう。

善から真へ転化するのは、「自分のことは自分できちんとする」から「他者の役に立つ」へと、自分志向が他**者志向、顧客志向へと明確になったとき**です。

それを商品、品揃えで一つひとつ、一点一点やっていくのが仕事なのです。

商品とは、お客の生活の一手段です。そのお客の生活の手段である商品を、お客に選択して決めて購入していただいてお金に替えていくこと、そのために品揃えで客の興味を引きつけ続けることこそ仕事です。

「善から真へ」「自分から他者へ」こそ、仕事そのものと言ってもいいでしょう。「他者の役に立つ」仕事を毎日していくための有力な手段のひとつがチラシなのです。

「真のイメージ」を感じさせるのは顧客志向のチラシ

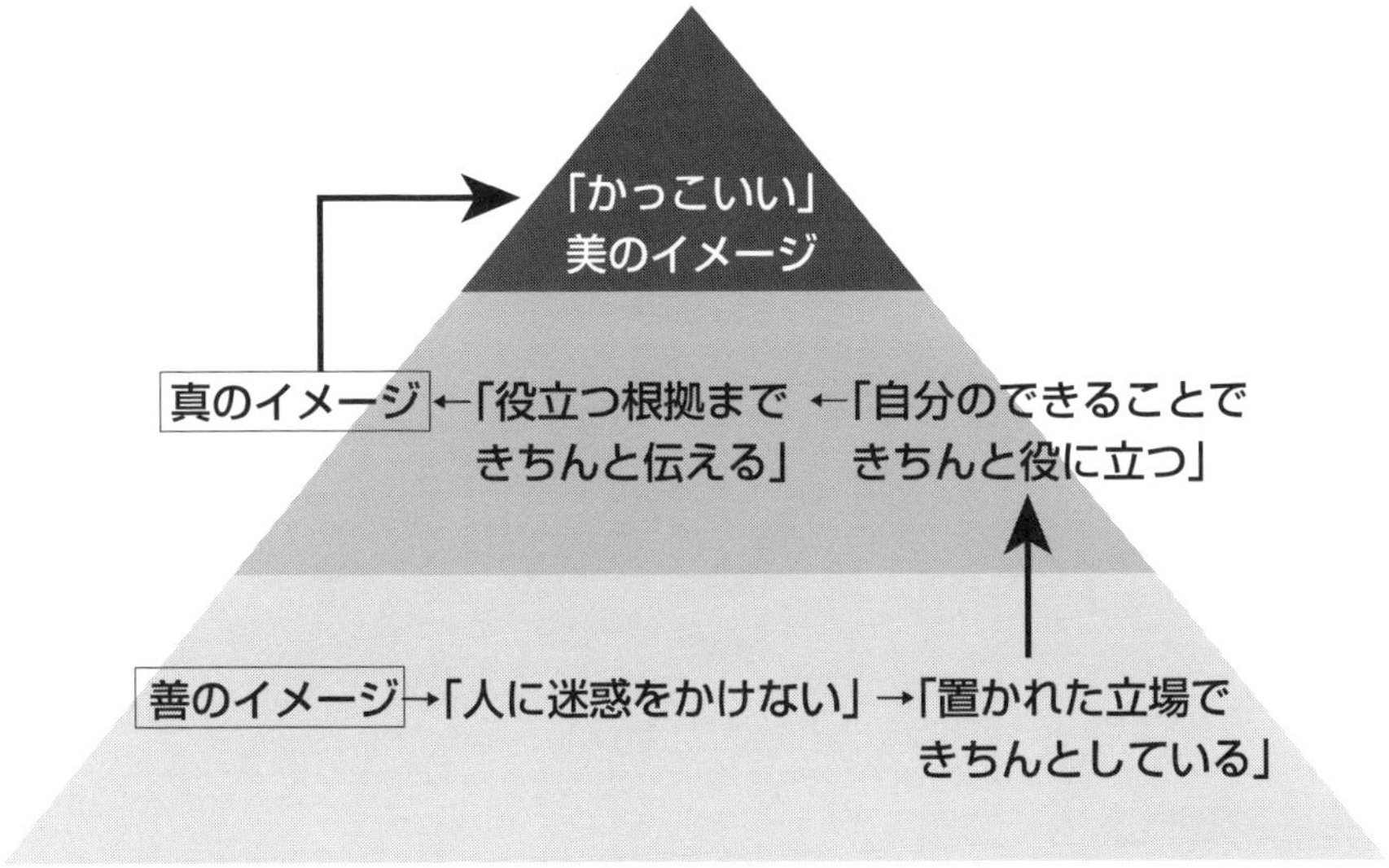
「かっこいい」
美のイメージ
真のイメージ
←「役立つ根拠まで
きちんと伝える」
←「自分のできることで
きちんと役に立つ」
善のイメージ
→「人に迷惑をかけない」
→「置かれた立場で
きちんとしている」

POINT **善から真へとチラシイメージとして味わえば、チラシが当たる。**

yahoo!で検索 リフォームワン 検索 ホームページにて施工事例を多数公開中!
家族みんなの幸せ創りリフォームワン
網戸はりかえ・水もれ修理〜増改築・全面改装リフォームまで施工実績7000件
達人の知恵と工夫が最小限の費用でリフォームを実現します。
信州の建物は私たち地元のプロにご相談ください。
おうちをまるごと
全面快装
住まいのまるごとリフォーム
1000万円
900万円〜
リフォームなら500万円もお得!!
答えはやっぱりリフォームです。
〜REFORM ONE STYLE〜
キッチンのリフォーム
お風呂のリフォーム
①掃除のしやすさなら
②あたたかさなら
②安全に使いたいなら
②シンプルデザインなら
トイレのリフォーム
技術と信頼で47年やってきました
お客様とのお約束15
フリーダイヤル 0120-82-0440
FAX.0268-24-2756 ●上田本店 佐久店 〒386-0017 上田市踏入2-16-56
メール. info@reform1.jp ●長野店 〒381-2213 長野市広田31番地
ホームページ. http://www.reform1.jp
地域No.1
トータルリフォームの
リフォームワン(株)
(株)ダイワコーポレーショングループ
0120-82-0440
内装のちょっとしたリフォーム
水まわりのちょっとしたリフォーム
外まわりのちょっとしたリフォーム
アフターメンテナンス
チラシ3

グレード表＝品揃えを
トコトン伝える

「真」＝他者志向、顧客志向のタイトル

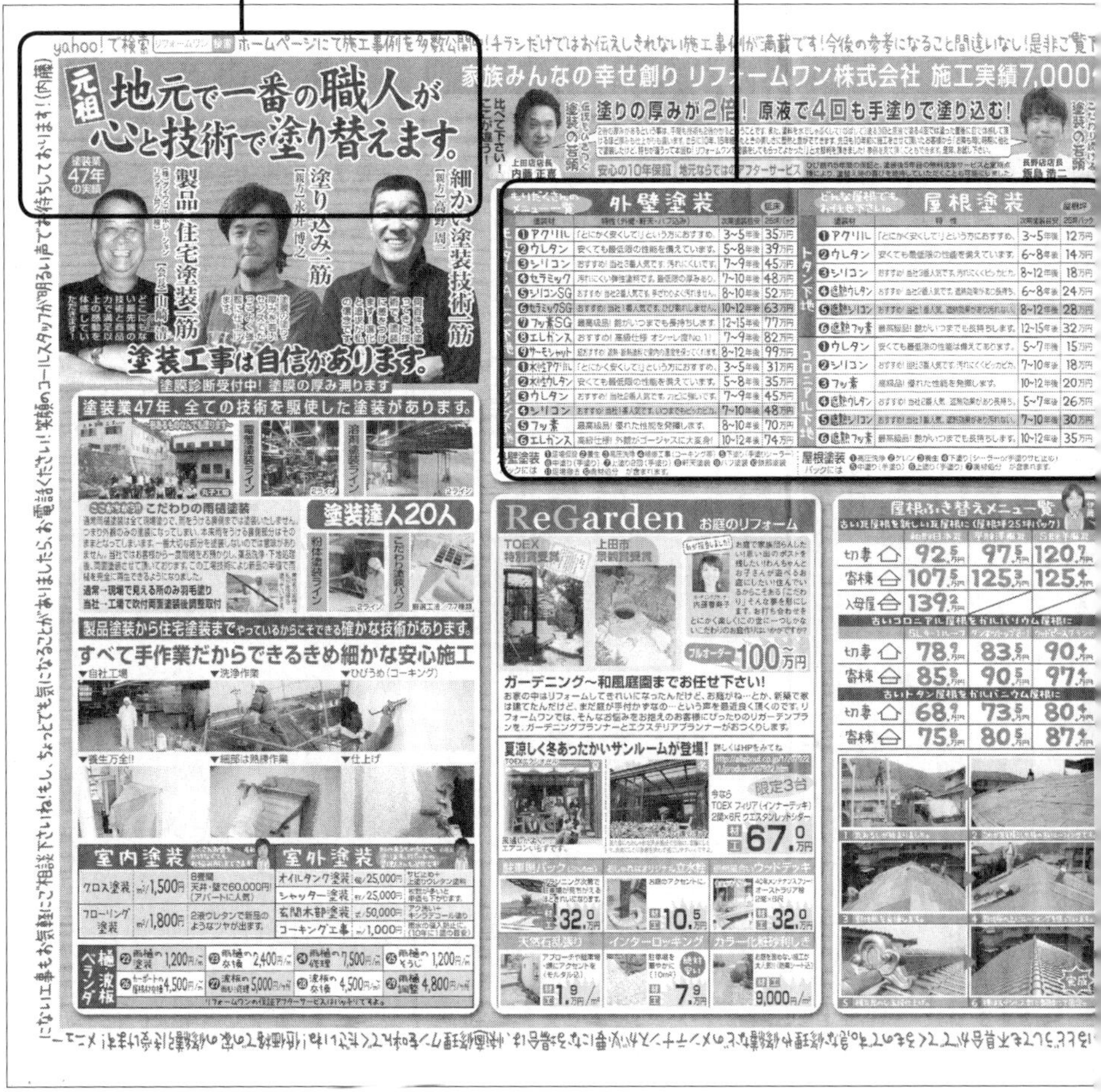

5 チラシには「美のイメージ」を打ち出せ！

当たるチラシはどれも美しい。というより、美しくなければ客は見てくれません。1日に何十枚も新聞に折り込まれる中から選んで見てもらわなければならないのですから、チラシに「美のイメージ」を探究するのは当然のことなのです。

チラシ4「サトーカメラ」のチラシは地元栃木で「美しい！」と言われています。

・「安いことがいいこと、つまり善だ」を昔から探求してきて、栃木県NO1になった

・「写メでたまった大切な想い出を全部写真にしちゃって下さい!! 19円」を佐藤千秋社長自らがチラシ一等地で訴求している

・「サトーカメラは地元栃木で11年連続販売シェアNO1」という真理を、専務取締役で経営コンサルタントでもある佐藤勝人が社長とともども訴求している

・そして、両者の真上で18店の店長達がひと言キャッチポイントと出身高校も伝えて、お客様に来てほしい旨を伝えている

・接客を受けたことのある客は「若いのによくやるわね！　カッコいいよ！」と思ってくれている

・ケータイ写真19円以外にも、デジカメ写真まとめてプリント30％引、写真年賀状39円、印刷年賀状10％引、とプリントの品揃えと安さをデカく伝えきっている

・そしてカメラの低単価必需品20アイテムほどを、ひと言キャッチポイント付でチラシ一等地で伝えている

・ハード一品一品の品揃えと安さと情報の親切さについては言わずもがなである

美のイメージが善・真イメージよりも主観的であてにならないのは認めますが、〝より広くて深い主観〟に裏づけられた美もあるのです。

その一例がこのサトーカメラのチラシであり、前出のチラシ1からチラシ3にもその美はあるのです。

「真」に経営責任を負っている社長にとっては、客がたくさん来てくれる大当たりチラシこそ「美」なのです。

「若いのにちゃんとしてかっこいい」と地元で言われている

社長自ら一等地で訴求

シェアNO1という真理を専務が訴求

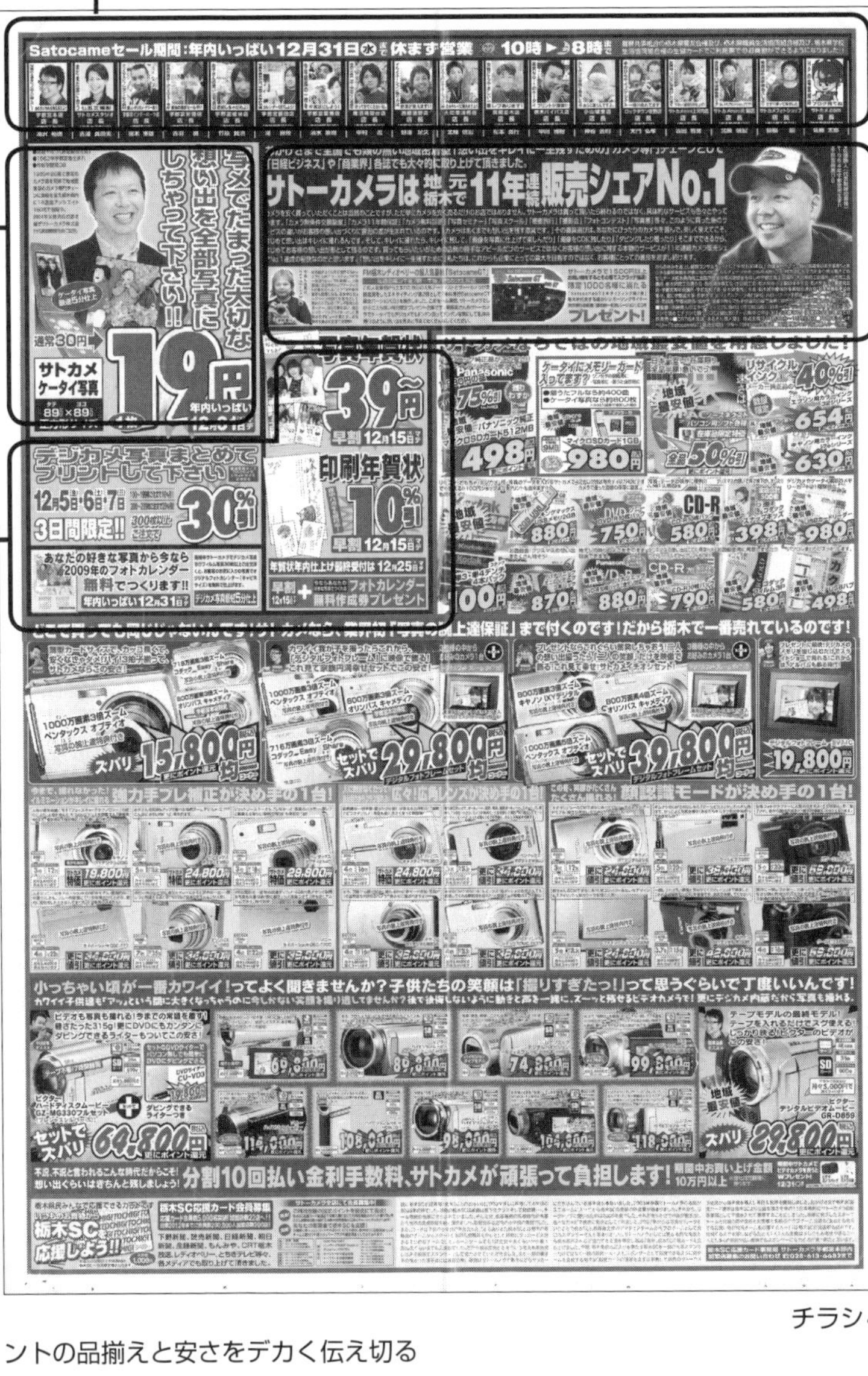

チラシ4

プリントの品揃えと安さをデカく伝え切る

6 「善→真→美」とレベルアップさせればチラシは当たる

ここで、チラシ1〜4の元の基である経営の内容、考え方を簡単にまとめてみましょう。

・チラシ1の内田社長のあんぱんへのこだわり
・チラシ2の大道社長のカレーへの執念
・チラシ3の山崎社長のリフォーム工事への丁寧さ
・チラシ4の佐藤社長のカメラのプリント全般へのこだわり

チラシにその会社・店の経営者のセンス、考え方、つまり「善→真→美」がものの見事に具現化されるのが理解いただけると思います。

難しい話と感じる方がいるかもしれませんが、そんなことはありません。それは子供が描く絵となんら変わりません。子供の善意、真意、美が自ずから現れ出るように、チラシに自ずから「善→真→美」の商品探求がにじみ出るのです。それこそ仕事そのものなのです。

おいしいアンパンの探求、うまくて安いカレーの探求こそ経営です。客ニーズを超えるリフォームの探求に、経営のダイナミズムを見出すことができます。思い出作りのカメラプリントにひたすらこだわり続けるのも経営そのものです。どんな業種・業態だろうと、その**商品を探求している姿をそのままチラシに表現しているだけ**のことなのです。

まずは経営者の経営イメージありきです。そして、その経営イメージにはその経営者の「善→真→美」センスがにじみ出て、「善→真→美」が体現された商品と品揃えが発揮されるのです。チラシはその有力、有効な手段のひとつとなります。

皆さんも、いざチラシを作るとき、そのことをよく理解しておいてください。チラシ作りのセオリーがあって、それに乗ったほうがチラシが当たると言えますが、HOWよりも、まずはWHATを理解しておいていただきたいのです。WHAT、つまりあなたのイメージが一番なのですから。チラシ作りのテクニックを考える前に、ぜひ理解していただきたいことです。

当たるチラシには「善真美」が現れる

チラシ 善真美	チラシ1	チラシ2	チラシ3	チラシ4
業種・業態	パ　ン	食　堂	リフォーム	カメラ
特徴	あの有名な木村屋あんぱんの分家	大学食堂でトップクラス	長野県No.1リフォーム	栃木県No.1カメラ店
善	東京築地に密着	カレー、朝食等を学生のために安く提供	職人がいい仕事をする	ハードもだがソフトがいろいろ安い
真	あんぱんのおいしさは真	カレーのおいしさは1日700杯で立証ずみ	外、内、水まわりすべての工事を大切にやりとげる	ハードの品揃えはもちろん、ソフトの品揃え、サービスは日本一レベル
美	内田社長のアンパン探求姿勢はかっこいい	70歳近くになっても、大道社長のカレーへの執念はすごい	山崎社長親子のリフォーム一品一品へのこだわりは長野県No.1	安さ、品揃え、サービスなんでもかんでもオンリーNo.1をめざしている

POINT

商品の善真美を探求して
かっこいい当たるチラシを作ろう

7 品揃えが商品のイメージを決定づける

チラシ5「うみの」の自転車チラシ（48ページ）を見ていただきましょう。表面だけ上から見ていっても、

①スマッシュウミノ1・5万円位で2アイテム
②電動自転車、輸入自転車、ブランド人気商品
③1・1万円から3・7万円までいろいろな自転車
④スポーツBike入門用とオリジナル

と、四つの大きな商品ラインからチラシが成り立っているのがわかります。

今でこそ豊富な品揃えですが、もちろん30余年前の創業時は海野夫妻二人だけの小さな自転車屋で、「まず一品ありき」というところから少しずつ品揃えしていったのです。

それをフロー化したものが左図であり、客がつくと共に充実していきました。

「一品と関連商品」→「高グレード化」→「さらに高グレード化」→「反転して低グレード化」、そして今のような日本有数のオリジナル自転車屋になったのです。

独自の品揃え（$\sum_{i=1}^{n}$商品）が「商品イメージを決定づける」のです。

品揃えはイメージを具現化したもので、品揃えによってイメージがふくらむのです。そして、その品揃えイメージが無限に発展していくのです。その一例がチラシ5です。

- スマッシュウミノ！というオリジナル車は「オートランプ仕様→3段シフト仕様→フル装備仕様」と高機能化、高グレード化している
- 流行の電動車8・5万円、舶来車5・9万円も売る気満々でのせている
- 1・1万円から3・7万円まで人気ブランドを中心に厳選品揃えされている

と表面をちょっとつっこんでみただけでも、商品品揃えへのこだわりが見えてきます。まさに「商品品揃えがそのイメージを決定づける」のです。

あなたの商品品揃えをきちんと行おう

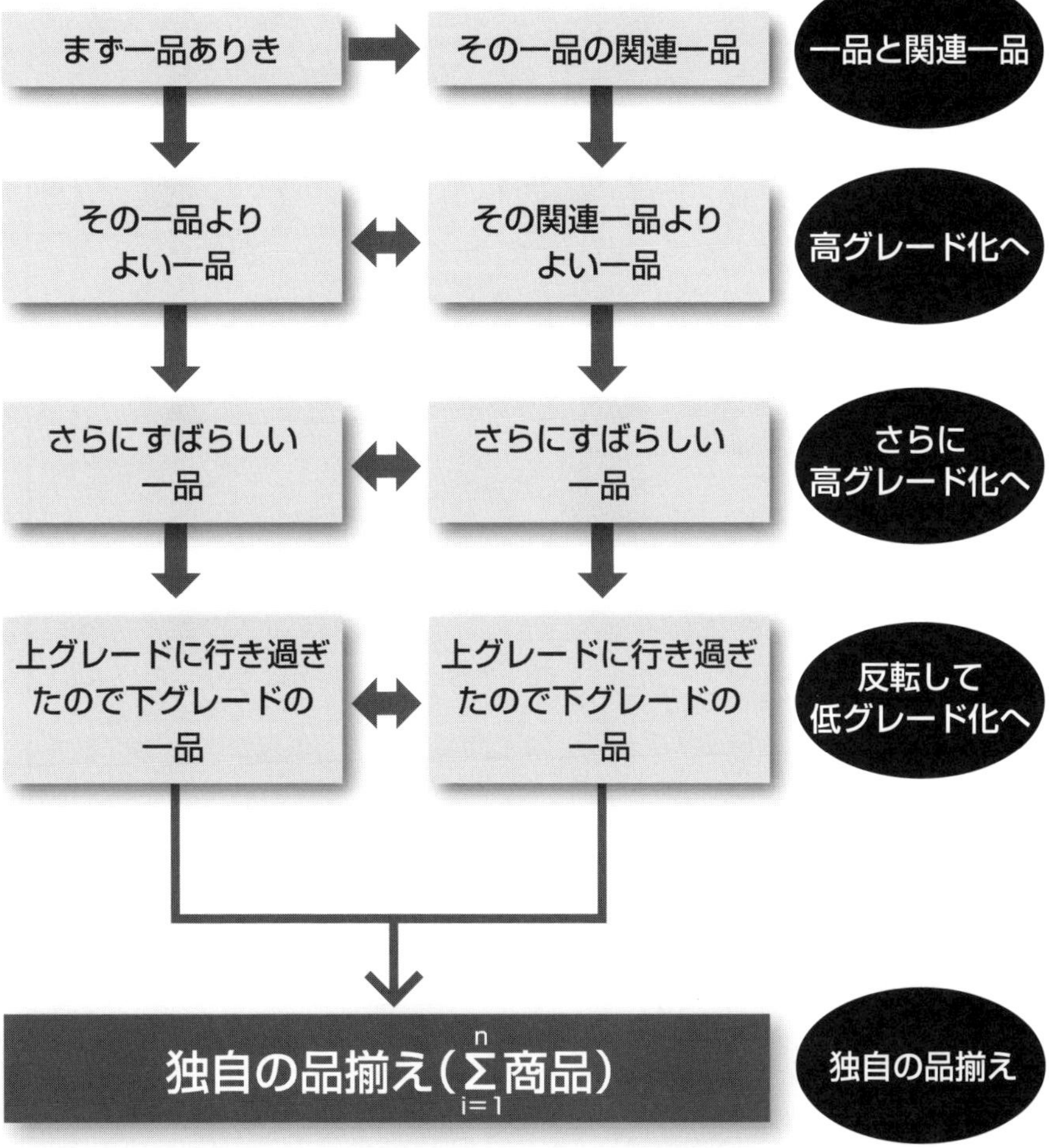

POINT

誰だって独自の品揃えをすれば
チラシを当てられる

チラシ5表

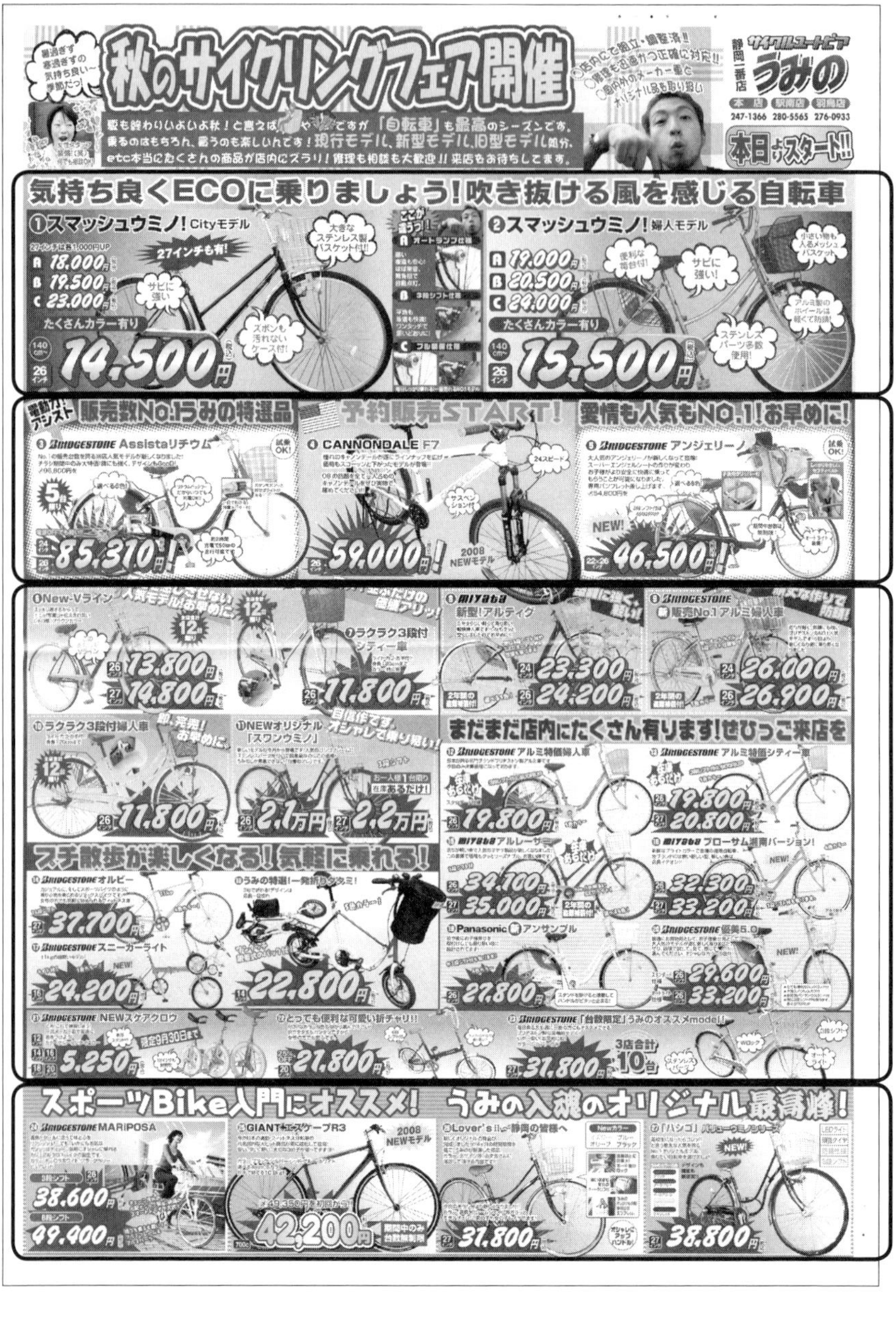

秋のサイクリングフェア開催
暑過ぎず寒過ぎずの気持ち良い～季節だっ!
静岡一番店
サイクルユートピア うみの
本店 駅南店 羽鳥店
247-1366 280-5565 276-0933
本日よりスタート!!
店内にて組立・調整済!!
修理も迅速かつ正確に対応!!
国内外のメーカー車とオリジナル品も取り揃し
暑さも終わりいよいよ秋!と言えば や ですが「自転車」も最高のシーズンです。
乗るのはもちろん、買うのも楽しいんです!現行モデル、新型モデル、旧型モデル他分、
etc本当にたくさんの商品が店内にズラリ!修理も相談も大歓迎!!来店をお待ちしてます。
気持ち良くECOに乗りましょう!吹き抜ける風を感じる自転車
①スマッシュウミノ! Cityモデル
27インチも有!
A 18,000円
B 19,500円
C 23,000円
たくさんカラー有り
14,500円
大きなステンレス製バスケット付!!
サビに強い
ズボンも汚れないケース付!
ここが違う!
A オートランプ仕様
B 3段シフト仕様
C フル装備仕様
②スマッシュウミノ! 婦人モデル
A 19,000円
B 20,500円
C 24,000円
たくさんカラー有り
15,500円
便利な荷台付!
サビに強い!
小さい物も入るメッシュバスケット
アルミ製のホイールは軽くて錆錆!
ステンレスパーツ多数使用!
電動アシスト 販売数No.1うみの特選品
予約販売START!
愛情も人気もNO.1!お早めに!
③ BRIDGESTONE Assistaリチウム
85,310円!
④ CANNONDALE F7
24スピード
サスペンション付
2008 NEWモデル
59,000円!
⑤ BRIDGESTONE アンジェリーノ
NEW!
46,500円!
⑥New-Vライン
13,800円
14,800円
⑦ラクラク3段付シティー車
11,800円
⑧ miyata 新型!アルティグ
23,300円
24,200円
⑨ BRIDGESTONE 新販売No.1アルミ婦人車
26,000円
26,900円
⑩ラクラク3段付婦人車
11,800円
⑪NEWオリジナル「スワンウミノ」
自信作です。オシャレで乗り易い!
2.1万円
2.2万円
お一人様1台限り 在庫あるだけ!
まだまだ店内にたくさん有ります!ぜひっご来店を
⑫ BRIDGESTONE アルミ特価婦人車
19,800円
⑬ BRIDGESTONE アルミ特価シティー車
19,800円
20,800円
⑭ miyata アルレーサー
34,100円
35,000円
⑮ miyata フローサム湘南バージョン!
32,300円
33,200円
プチ散歩が楽しくなる!気軽に乗れる!
⑯ BRIDGESTONE オルビー
37,700円
⑰ BRIDGESTONE スニーカーライト
NEW!
24,200円
⑱うみの特選!一発折りタタミ!
22,800円
⑲ Panasonic 新アンサンブル
27,800円
⑳ BRIDGESTONE 優美5.0
NEW!
29,600円
33,200円
㉑ BRIDGESTONE NEWスケアクロウ
限定9月30日まで
5,250円
㉒とっても便利な可愛い折チャリ!!
21,800円
㉓ BRIDGESTONE「台数限定」うみのオススメmode!!
3店合計10台
37,800円
スポーツBike入門にオススメ!
うみの入魂のオリジナル最高峰!
㉔ BRIDGESTONE MARIPOSA
3段シフト
38,600円
8段シフト
49,400円
㉕GIANT エスケープR3
2008 NEWモデル
42,200円
期間中のみ台数限定
㉖Lover's!!～静岡の皆様へ
31,800円
㉗「ハシゴ」バリューウミノシリーズ
NEW!
38,800円

①

②

③

④

チラシ5裏

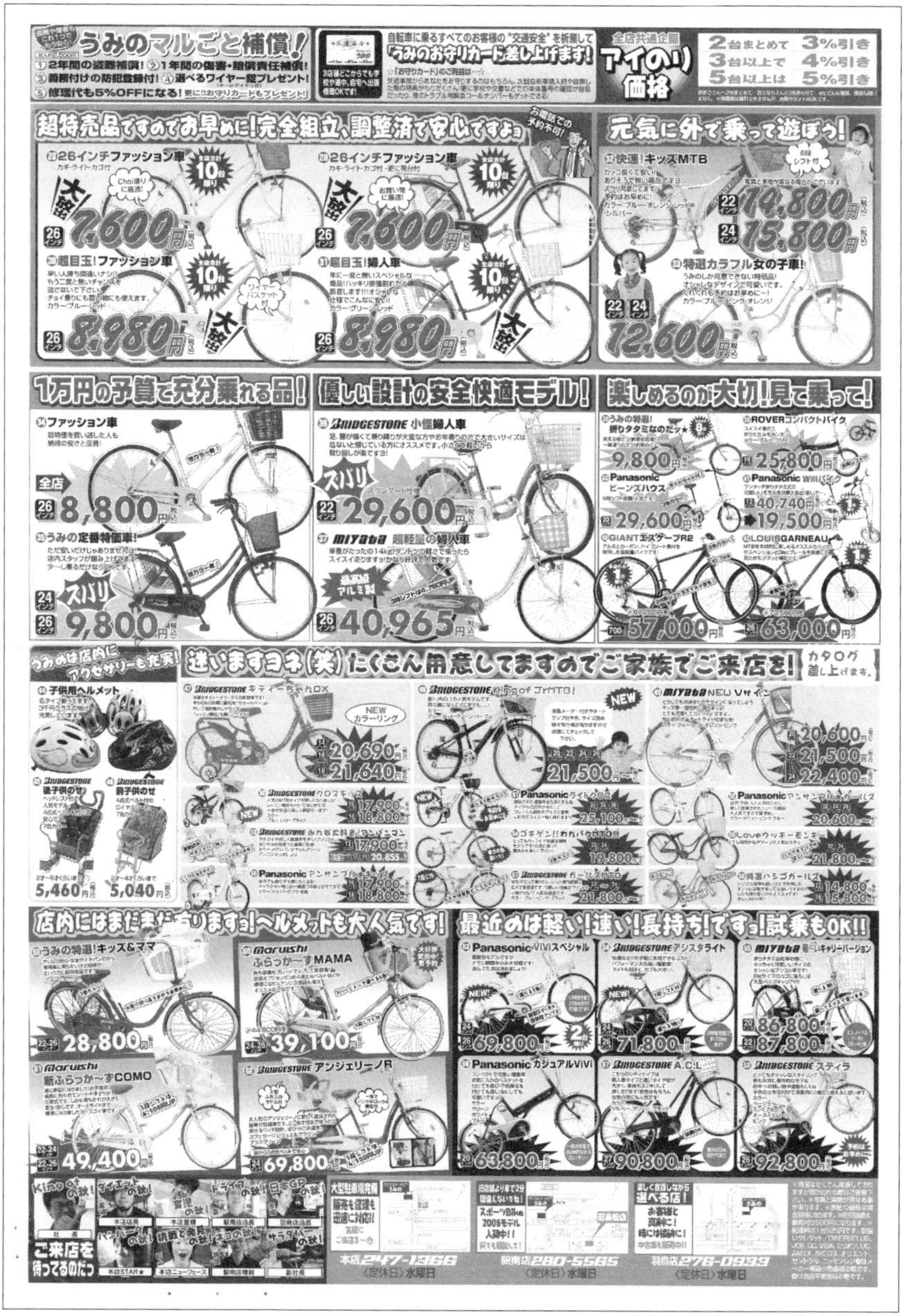
うみのマルごと補償！
①2年間の盗難補償！②1年間の傷害・賠償責任補償！
③義務付けの防犯登録付！④選べるワイヤー錠プレゼント！
⑤修理代も5%OFFになる！更に!!お守りカードもプレゼント！
「うみのお守りカード差し上げます！」
全店共通企画
アイのり価格
2台まとめて　3%引き
3台以上で　4%引き
5台以上は　5%引き
超特売品ですのでお早めに！完全組立、調整済で安心ですよョ
26インチファッション車
7,600円
超目玉！ファッション車
8,980円
超目玉！婦人車
元気に外で乗って遊ぼっ！
快速！キッズMTB
14,800円
15,800円
特選カラフル女の子車！
12,600円
1万円の予算で充分乗れる品！
ファッション車
8,800円
うみの定番特価車！
9,800円
優しい設計の安全快適モデル！
BRIDGESTONE 小径婦人車
29,600円
miyata 超軽量の婦人車
40,965円
楽しめるのが大切！見て乗って！
9,800円
25,800円
29,600円
40,740円
19,500円
57,000円
63,000円
うみは店内にアクセサリーも充実！
迷いますヨネ（笑）たくさん用意してますのでご家族でご来店を！
カタログ差し上げます。
子供用ヘルメット
5,460円
5,040円
20,690円
21,640円
21,500円
20,600円
21,500円
22,400円
店内にはまだまだありますョ！ヘルメットも大人気です！
うみの特選！キッズ＆ママ
28,800円
maruishi ふらっか～すMAMA
39,100円
maruishi 新ふらっか～すCOMO
49,400円
BRIDGESTONE アンジェリーノR
69,800円
最近のは軽い！速い！長持ち！ですっ！試乗もOK!!
Panasonic ViViスペシャル
69,800円
BRIDGESTONE アシスタライト
71,800円
miyata キャリーバージョン
86,800円
87,800円
Panasonic カジュアルViVi
63,800円
BRIDGESTONE A.C.L
90,800円
BRIDGESTONE スティラ
92,800円
ご来店を待ってるのだっ
本店 247-1366（定休日）水曜日
駅南店 280-5565（定休日）水曜日
羽島店 276-0939（定休日）水曜日

8 品揃えで美のイメージを訴求する

2章を終えるにあたって、当たるチラシの結論を先取りして言えば「商品品揃えで美のイメージを訴求せよ！」ということになります。

・チラシ1は魚河岸築地とあんぱんの品揃え
・チラシ2はあったかほっこりみんなの食堂と朝食やカレーの品揃え
・チラシ3は長野の鎌倉上田でのリフォーム風あいNO1の味
・チラシ4は栃木NO1のカメラ屋のプリント品揃えへのこだわり
・そしてチラシ5は静岡県自転車NO1の機能、耐久性、かっこよさすべてにこだわった自転車品揃えの訴求と、それぞれに当事者は「美、つまりかっこいいイメージの訴求」を商品品揃えでやっているのです。まとめると、左図の商品訴求ピラミッドができている、伝わっていると言えるのです。
・あんぱんがトップアイテムである木村家
・カレーと朝食を戦略アイテムにしているくじらや食堂
・塗装と全面改装を最高アイテムにしているリフォームワン
・集客アイテムケータイ写真19円と、12月のシーズン儲けアイテム年賀状をトップにしたサトーカメラ
・集客アイテムのスマッシュウミノ！と、儲けアイテムの電動と輸入品と入魂アイテムをトップにしたうみの

当たるチラシを作る担当者の頭の中には、常に品揃えのイメージがあります。

ピラミッドの上を強調する、つまり「アイテム」をズバリ打ち出す「ズバリイメージ商法」や、ピラミッドの下を強調する、つまり商品の豊富さを打ち出す「じっくりイメージ商法」がチラシ作成者の頭の中にあって、商品品揃えで「美的かっこいいイメージ」を訴求しようとしているのです。

この商品品揃えの考え方のセオリーは次章でじっくり見ていきましょう。

特定アイテムを打ち出すか、商品の豊富さを打ち出すか

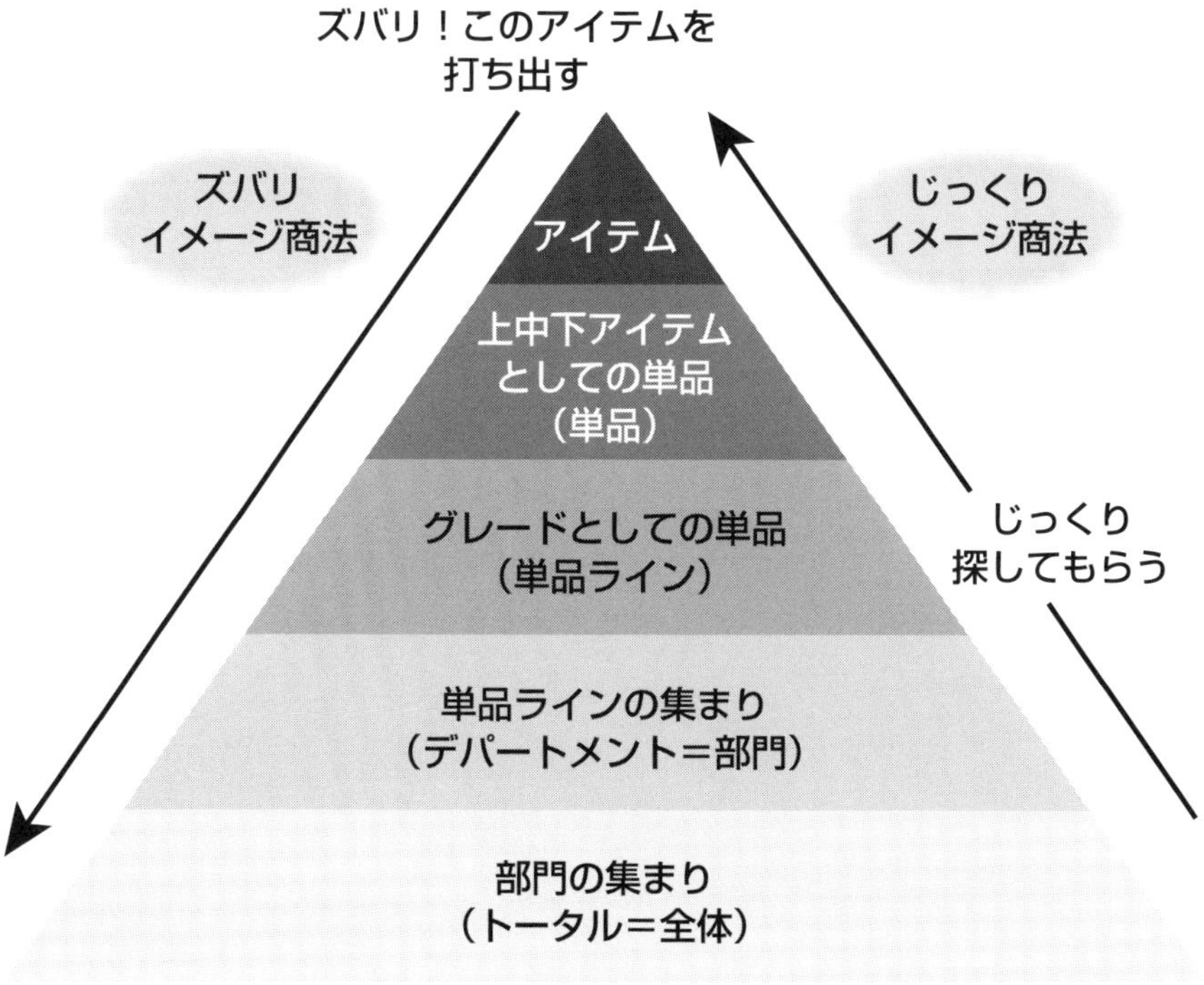

POINT
**あなたの店のチラシは
どういうピラミッドですか？**

3章

商品の品揃えを
きちんと行おう

1 支持してくれるお客の「最適品揃え」をする

「支持してくださるお客にとっての最適品揃えをするのが仕事」なのに、それがわからないから多くの会社がうまくいかない、つぶれるのです。

最適品揃えについて、理美容院のケースで考えてみましょう。理美容院は、人が売り物です。チラシ6「トゥルーヘアー」のチラシは、人が売り物ということを理解した上で、徹底して最適品揃えをチラシに表現しています。

- 学生メンズショート限定のこんのさんはまだ入社1年内のかけ出しで、2100円稼ぐのも大変
- 澤井ミキコは中の下グレードとして女性のパーマをこなす、5000円客単価のスタッフ
- クサナギユウキは中の上グレードとして毛量・毛質に合わせたズバリのカットテクニックをもつ
- 真打ちは代表の畠山哲。秋田県で知る人ぞ知る理美容院経営者で、仲間をどんどん作り、支店にも3人送り込んだ
- 別格は畠山代表の奥さんで、子ども2人を保育園に預けて活躍するママさんトップデザイナー（最近3人目を出産）

このように、商品そのものである人材を上、中の上、中の下、下、そして別格と5人のセールスポイントを明確にした最適品揃えをチラシで伝え切って秋田県NO1の店になりました。ポスティングチラシも他の追随を許さぬ人材品揃え型として、毎回20人以上の新しい客を獲得しているのです。

本章で解説する「商品の品揃えをきちんと行おう」が、チラシ作製において一番おもしろくもあり、難しくもある点です。いわんや最適品揃えの基である「最適人材組み合わせ」は誰にでもできないから、誰もが繁盛店にはなれないのです。

しかし46ページで確認したように、一品・一アイテムを一つひとつ積み上げていけば、「一品・一人材」を積み上げていけば、失敗はないのです。

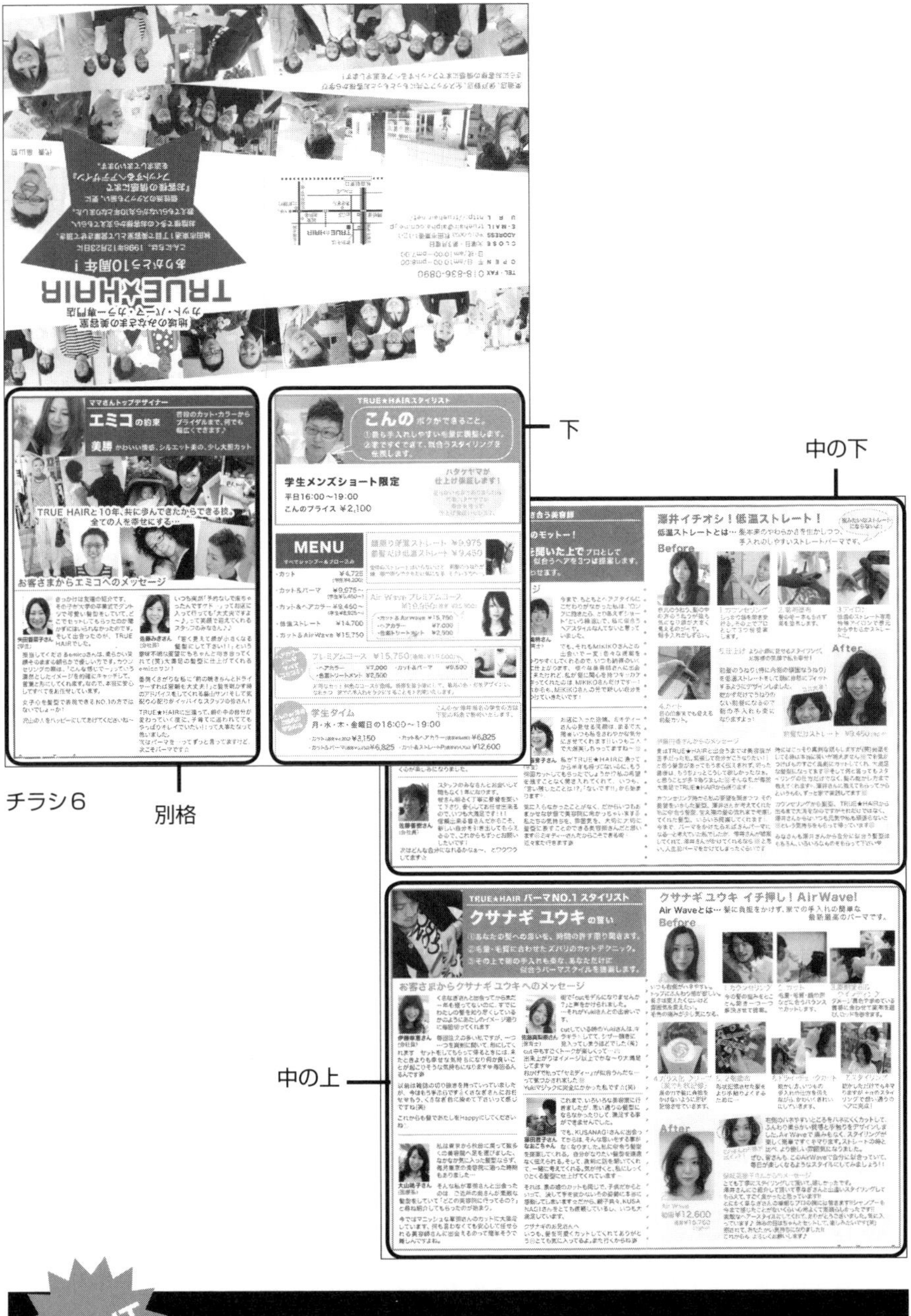

チラシ6

POINT　あなたの店の精一杯の最適品揃えをしよう

2 品揃えの第一歩は一品・一アイテムだ

トゥルーヘアーの品揃えの出発点は畠山代表その人です。畠山代表という一品・一アイテムから出発して、2店舗10人の会社になりました。

物販業でも飲食業でも製造業でも、経営という点から見れば何ら変わりません。うまくいかないのは、力不相応の売場やホールや工場をもって、生かしきれない、つまり「力相応の最適品揃え」をキープできなくなるからです。銀行借り入れで土地や建物や売場や什器に投資するのはいいとしても、力相応の生きた品揃えが追いつかないのです。いわんや最適品揃えなどできるわけもないのです。

「品揃えの故郷は一品・一アイテム」——原点的・故郷的な一品・一アイテム・一人材こそポイントなのです。

トゥルーヘアーの品揃えの原点である畠山代表の10年目の最適品揃えの表現は「お客様の情感にまでフィットするヘアデザイン」です。お客様の情感にまでフィットするヘアデザインは畠山一アイテムでは遂行できませんから、必要な人材を一人ずつ増やすことで最適品揃えを実現しているのです。

木村家の最適品揃えの表現は「あんぱんは地元江戸っ子築地市場に育てられて100年」です。それが370円のくりあんぱんにまで発展しました。

リフォームワンの最適品揃えの表現は「達人の知恵と工夫が最小限の費用でリフォームを実現します」「おうちまるごと全面改装30坪900万円」「塗りの厚みが2倍！ 原液で4回も手塗りで塗り込む」です。これで長野NO1になりました。

サトーカメラの最適品揃えの表現は「18店舗の店長紹介」にこそ表われています。その店長を社長と専務が左右でしっかりとサポートしているデザインがチラシになっています。

うみのの最適品揃えの表現は「気持ちよくECOに乗ろう」「販売数NO1うみの特選品」「1万円の予算で十分乗れる品」等で静岡NO1になりました。

どんな会社・店でも1品1アイテムから商売を始める

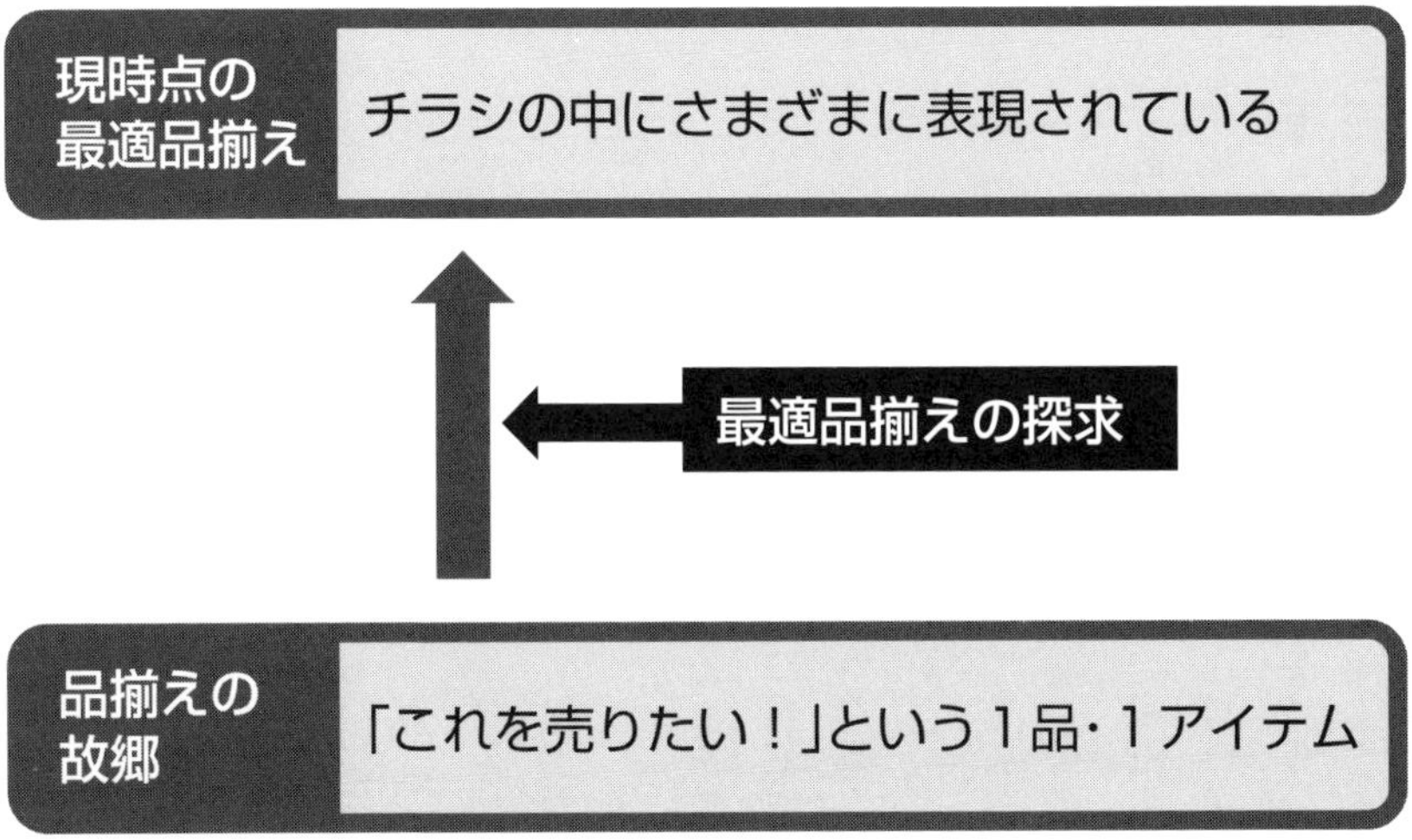

POINT　皆さんも1品・1アイテムと全体（最適品揃え）をよく考えてください

3 一品・一アイテムを「お客が購入する単位の商品」として充実させる

自店のこだわりの一品・一アイテムが何かがわかったら、次に「一品・一アイテム・一人材を単品（客購入単位商品）として充実させる」ことが必要です。これはチラシ作りのポイント中のポイントです。

単品とは何か?「客購入単位」の商品ですから、お客が買うときの単位、つまり、お金を払う単位の商品という意味です。

たとえば今では、お客は「パンを買おう」と考えるのではありません。食パンでもなく、ソフト食パン、ハード食パンが購入する際の選択肢となります。ですからパンで言えば、ソフト食パン、ハード食パンが単品となります。

お客が購入する単位の商品とは、時代と共に分類が細かく進化していきます。衣類でも同様に、シャツではなく、Tシャツでもなく、今では一般Tシャツとおしゃれ Tシャツは明らかに別購入単位商品です。

①一品・一アイテム・一人材の個性をしっかりと捉える

②その個性を一般化、普遍化して二品以上、二アイテム以上、二人材以上のグループにする

③その個性を客に伝わる言葉として一般化、普遍化する以上のことをチラシという紙面に表現するのです。

チラシ7「トゥルーヘアー」の「店長チラシ」も、畠山流を独自に発展させています。

自然派コータ対骨格修正ハルキのカット対決で「どっちを選ぶ?」と店長MOMOKOが問いかけています。美容院に来るお客は「どんなカットにしよう?」と考えて来店します。そんなお客に対して、自然カットと骨格修正カットという「カット単品」を打ち出しているわけですから、すぐれたチラシです。

MOMOKO店長は畠山代表の第一弟子で、上の下グレード人材です。畠山代表がMOMOKO店長にそうしたように、ひたすら部下をアイテム、単品として売り出しているのです。

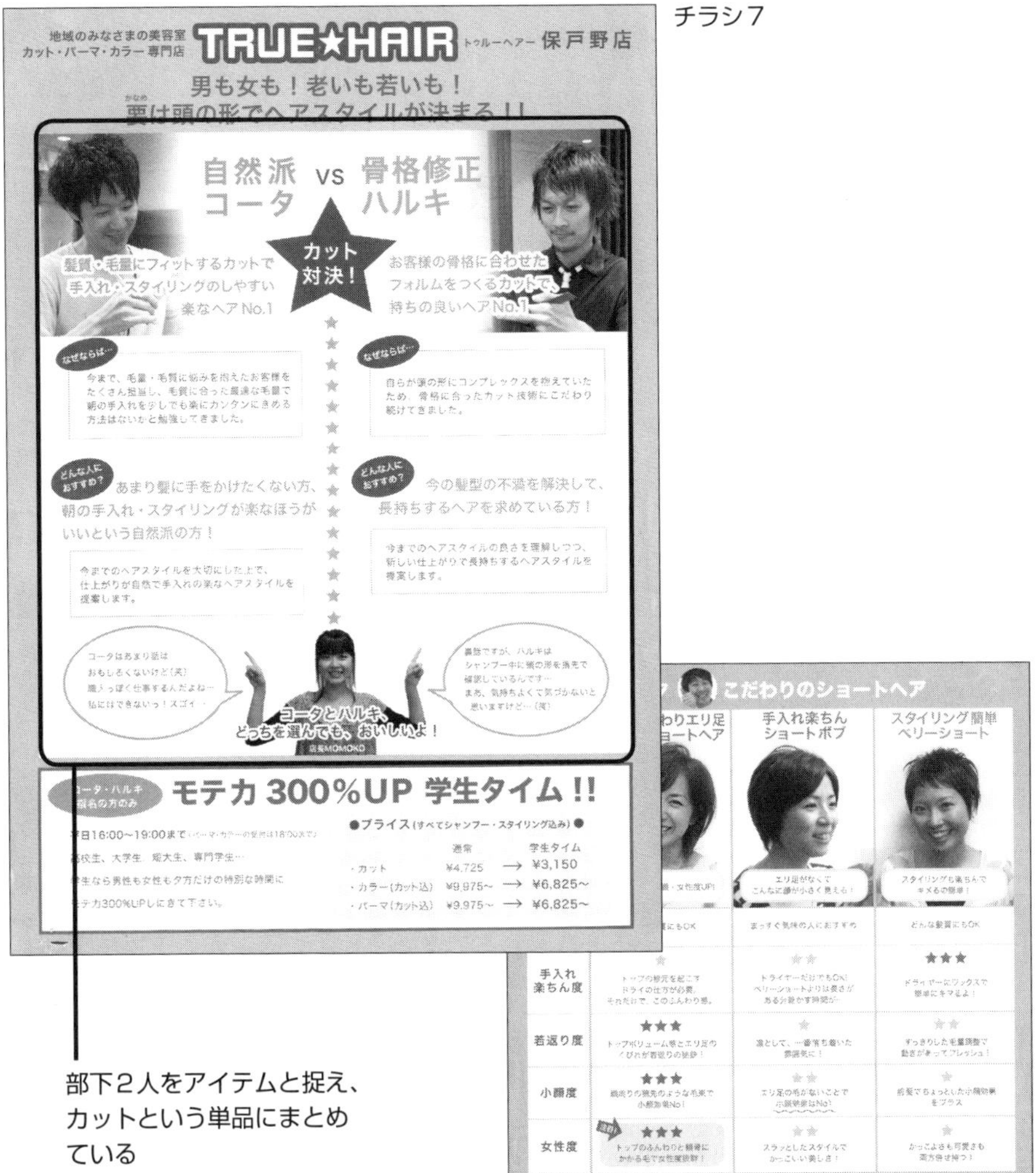

チラシ7

部下２人をアイテムと捉え、カットという単品にまとめている

POINT　まず一品、そして単品へと充実させよう

④ 単品を「上中下グレード化」して購入の選択の幅を広げる

　前項で、お客が購入する単位の商品についてご説明しました。今では一般Tシャツとおしゃれ Tシャツが別購入単位商品になっているように、単品分類は進化し、細かくなっていきます（これを単品分割といい、それは商品の発展、進化という必然の流れです）。

　そして、進化し細かくなった単品、たとえば旅行用歯みがきセット、おしゃれ絹のブラウス、水性ボールペン……となんであれ、上中下のグレードから成り立っています。いわゆる松竹梅の三等級のことです。

　商品は生活使用価値とそれにマッチした、つまり等価の価格から成り立っています。つまり価値／価格と定義できます。

　この、価値／価格でモデル化すると、上グレードは↗／↗、中グレードは↗／→、下グレードは→／↘から↗／↘と表わせます。ちょうど、19ページの商品の値打ちの㋑㋺㋩㋥の4パターンとも照合します。

　単品を意図的に上中下グレード化していくことで、品揃えの強化をはかれば、お客の購入単位商品別に購入の選択の幅は広がります。すると、お客としては**購入単位商品別にいろいろ選択できる「単品品揃え一番の店」に**行くことになります。

　単品品揃え一番店は、単品を設定しさえすれば、実は誰にでも作れます。そのためには、まず単品を上中下グレード化して品揃えしていくことがスタートとなります。

　ちなみに、創業者オーナーと言われる人たちの多くが、一品・一アイテムを客購入単位商品として充実させてきました。たとえば、ダイエーの故中内元会長は百貨店病になる前までは客購入単位商品を充実させていて、すばらしい量販店を経営していました。西武百貨店も、堤元会長が不動産屋的経営をする前まではしゃれた単品が目を引いていました。西友の無印良品は一品・一アイテムから「無印の良品」を積み上げアンチブランドを貫いた、今でもすばらしい商品です。みんなそうしたことをチラシで表現し、育て上げてきたのです。

上中下のグレードがあればお客の選択の幅は広がる

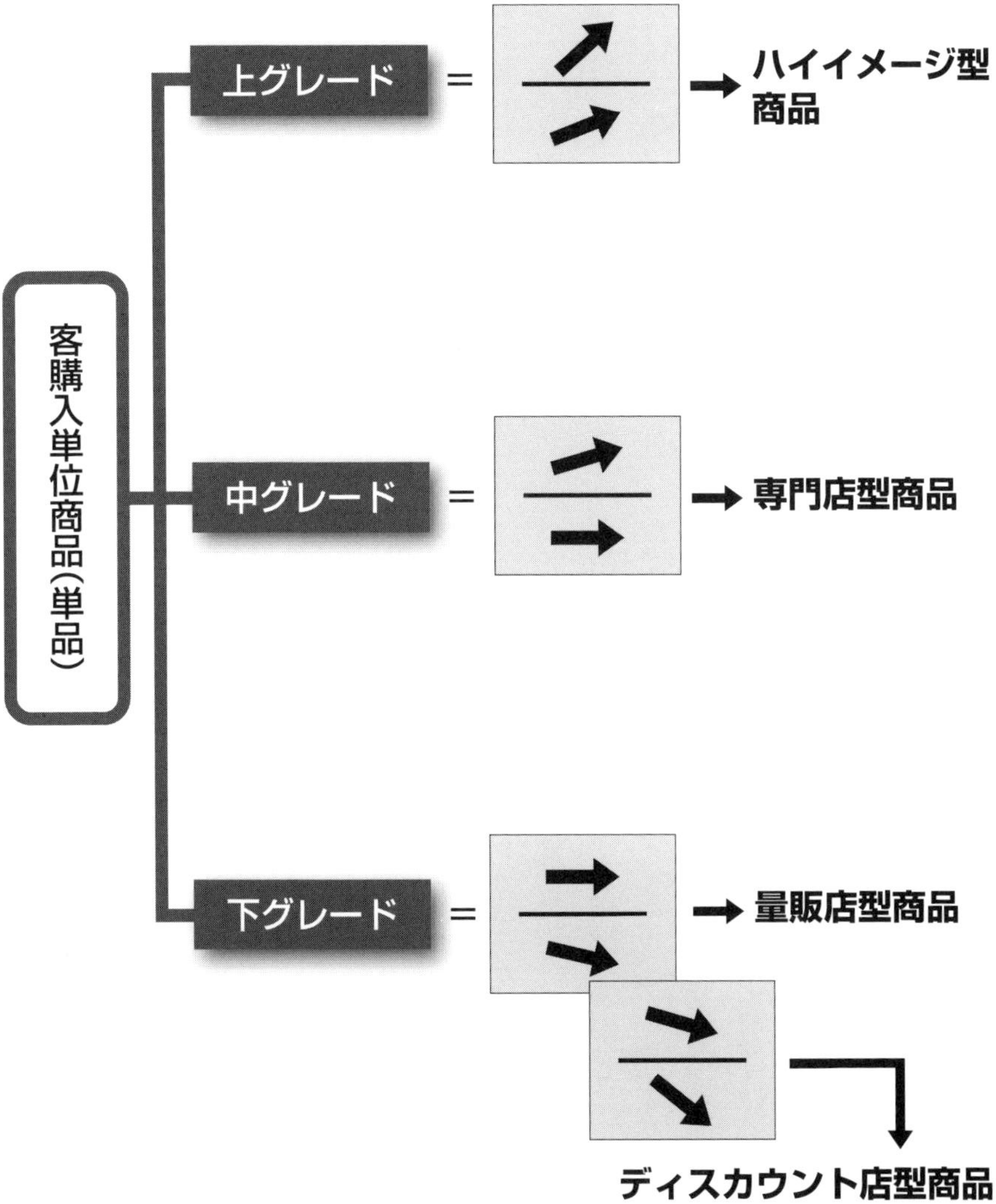

POINT 単品として商品をくくってみてチラシに表現していこう

5 単品を増やして単品ラインにする

単品を上中下グレード化して、一番単品作りができたら、「単品をたくさん作って単品ラインにする」ことが次の課題となります。というのも、客は品揃えのいい店に行きます。品揃えは上中下グレードからなる単品で構成されています。そしてその**単品のいくつかが商品用途や客の使い方で単品ラインとしてくくられているの**です。

チラシ1木村屋は一般あんぱん、特別あんぱん、シベリア等の菓子パンの3単品からなる菓子パン単品ラインで成り立っています。

チラシ2くじらや新聞は朝ごはん、カレー、ランチ・夕食の3単品からなる学生ごはん単品ラインで成り立っています。

チラシ3リフォームワンのリフォームチラシの片面は外壁塗装単品グレードいろいろ、屋根塗装単品グレードいろいろ、お庭のリフォームいろいろ等いくつもの単品から構成され、塗装単品ラインとしてくくられています。

チラシ4サトーカメラのチラシは写真プリント単品、年賀状プリント単品、カメラ必需消耗品単品、デジカメ本体単品、ビデオカメラ本体単品から成り立っており、写真プリント単品ライン、カメラ必需消耗品単品ライン、デジカメ単品ライン、ビデオ単品ラインとしてチラシがくくられています。

チラシ5うみの自転車チラシは1万円台PB単品、高単価人気単品、1~2万円台新型単品等から構成され、単品ラインは低単価PB、低単価ニューモデル、高単価人気シリーズとまとめられます。

チラシ6トゥルーヘアーのポスティングチラシは一人ひとりのスタイリストが単品、つまりお客様の購入単位商品として選択の対象となります。単品ラインはママさんデザイナー、学生メンズ限定、まっすぐ向き合う美容師、パーマスタイリストとしてまとまっています。

以上のようにいくつもの単品が作られ、お客様が買いやすいように品揃えができており、その単品のいくつかが単品ラインとしてまとめられているのです。

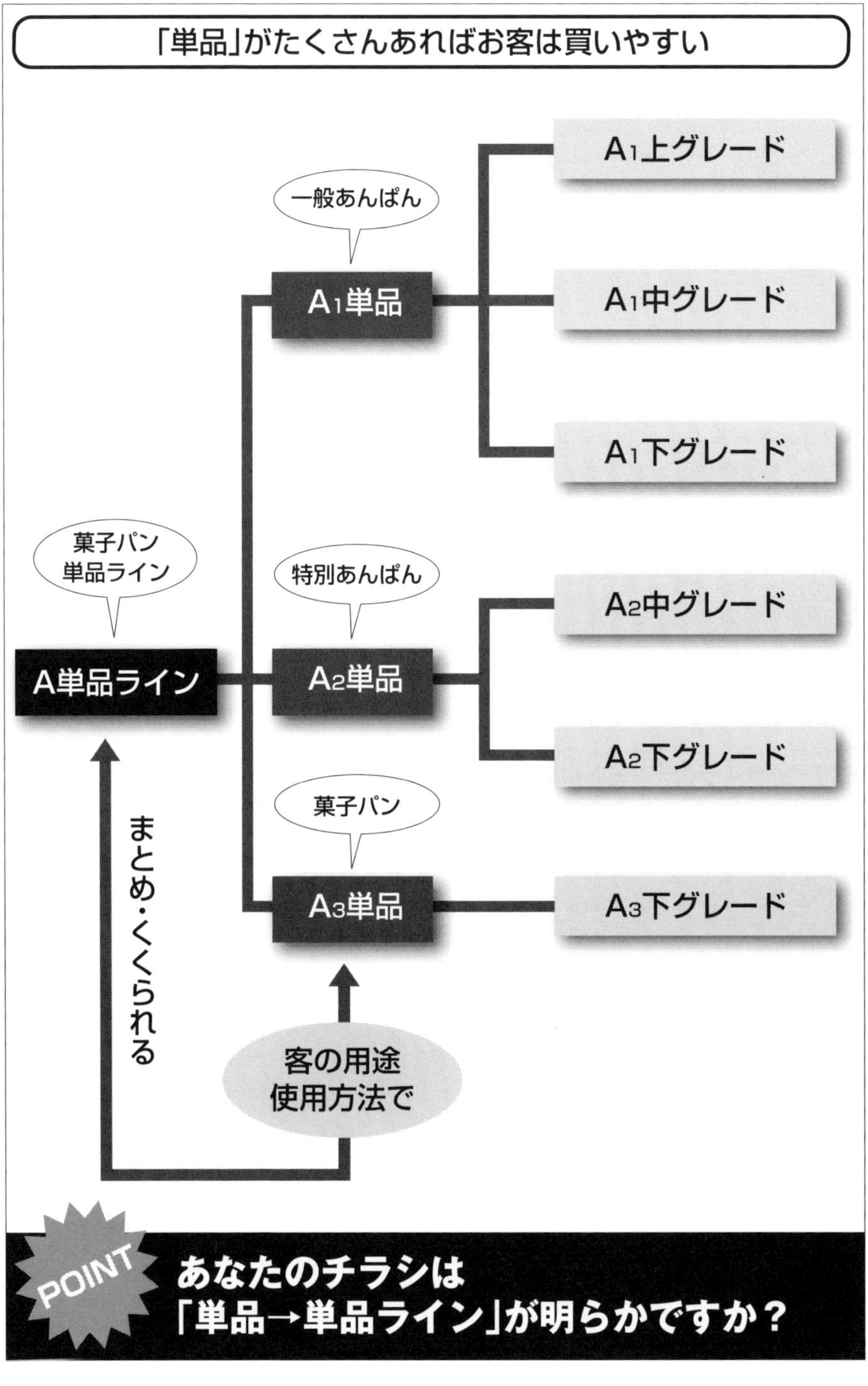
「単品」がたくさんあればお客は買いやすい
A1上グレード
一般あんぱん
A1単品
A1中グレード
A1下グレード
菓子パン
単品ライン
特別あんぱん
A2中グレード
A単品ライン
A2単品
A2下グレード
菓子パン
まとめ・くくられる
A3単品
A3下グレード
客の用途
使用方法で
POINT
あなたのチラシは
「単品→単品ライン」が明らかですか？

6 単品ラインをいくつか作って部門にする

いくつかの単品が客の用途や使用方法でまとめられ、単品ライン、つまり単品の列を作る——その総称を品揃えということをみてきました。

たとえば、菓子パン（という単品ライン）は一般あんぱん、特別あんぱん、シベリア（という単品）で成り立っていて、別にサンドイッチ、ホットドッグ、コロッケパン（という単品）がくくられて調理パン（という単品ライン）になっていました。

菓子パン単品ラインと調理パン単品ラインからパン部門が構成されていたことが、木村家のチラシからわかってきます。

つまり、「単品ラインをいくつかまとめたものが部門になる」と言えます。部門（デパートメント）は単品ラインから成り立っています。充実した品揃えからなる部門をしっかり構成していくのも、チラシの役目です。

そう考えると、品揃えが一番充実していた百貨店を日本ではデパート（メント）と呼ぶのは根拠のあることです。皆さんの店はデパートではありませんが、「部門が充実している」という意味合いで、次のようにお客様から言われたいはずです。

「プリントはなんでもやってくれるし、カメラもたくさんある」

「低単価のPBやニューモデルが充実しているのはもちろん、どんな自転車もある」

「男も女もカットもパーマも今までのモデルもニューモデルも、なんでもかんでも客のニーズにしっかり対応してくれる」

「単品ラインをいくつか作って部門にする」という品揃えの充実もチラシの役目であり、前のようなひと言を「部門の充実」の表れとして客に言われたいものです。

もちろん、チラシを一回打っただけでそうなるわけではありませんが、「部門の充実」を意識してチラシ作りに取り組むことが必要です。

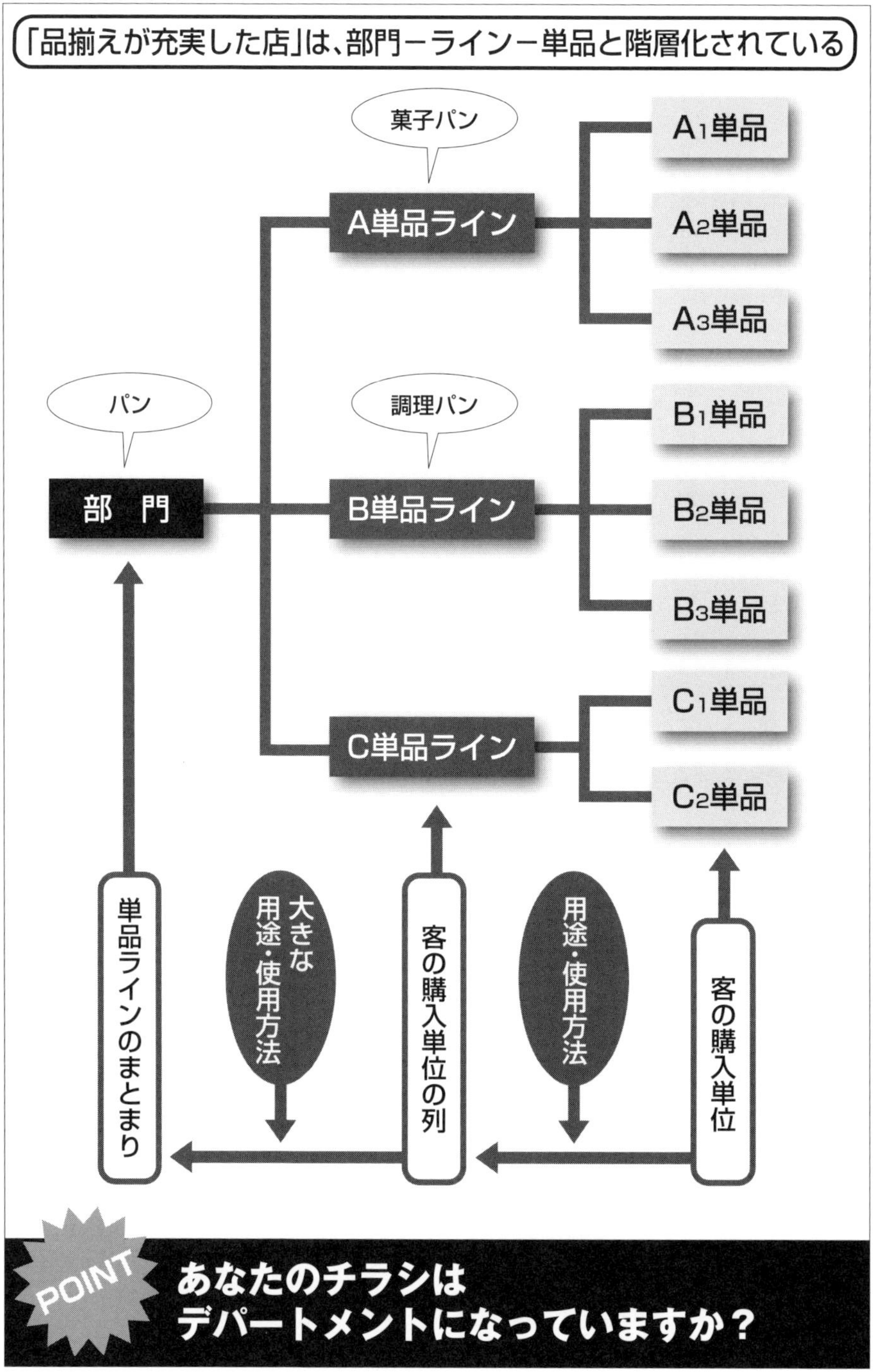
「品揃えが充実した店」は、部門ーラインー単品と階層化されている
菓子パン
調理パン
パン
部　門
A単品ライン
B単品ライン
C単品ライン
A_1単品
A_2単品
A_3単品
B_1単品
B_2単品
B_3単品
C_1単品
C_2単品
単品ラインのまとまり
大きな用途・使用方法
客の購入単位の列
用途・使用方法
客の購入単位
POINT
あなたのチラシは
デパートメントになっていますか？

7 「アイテム↓グレード↓単品↓単品ライン↓部門」とチラシを立体化する

これまでご説明してきたことを、ここで少しまとめてみましょう。

チラシは店の品揃えを伝えて集客する販促媒体です。集客とは、一品一品、一アイテム一アイテムでやるものです。一品・一アイテムは、客の購入単位としてみれば上中下、松竹梅というグレードで成り立っています。

このような客の購入単位商品（単品）こそ、チラシを作っていく上で、品揃えをPRしていく上で、一番根幹となる考え方です。**単品が充実していれば当たるいいチラシ、充実していなければ当たらない悪いチラシとなります。**

そして、単品がライン（列）を作って単品ラインとなります。単品ラインはデパートメント（部門）として統合されていきます。

以上をまとめると、「チラシの上に『アイテム↓グレード↓単品↓単品ライン↓部門』を表現する」と言えます。

これまで事例として紹介してきたどのチラシも、この考え方でまとめられ作られていたのです。

一品・一アイテムをきちんと伝える、その一品・一アイテムは松竹梅として客が比較できるようになっている、換言すれば客購入単位商品（単品）としてグレード化されたアイテムからなっている。このように整理分類された単品がいっぱいあって、「単品ライン↓部門」を構成していくのです。

以上が品揃え感のある充実したいいチラシであり、当然のことながら、当たる確率は高くなります。

チラシはイベント案内を伝えるものではない。

チラシは偏ったある商品だけを伝えるものではない。

チラシは経営者の考え方をくどくどと伝えるものではない。

「アイテム↓グレード↓単品↓単品ライン↓部門」をきっちりと伝えて集客していくのがチラシなのです。

品揃え感のある当たるチラシは立体化されている

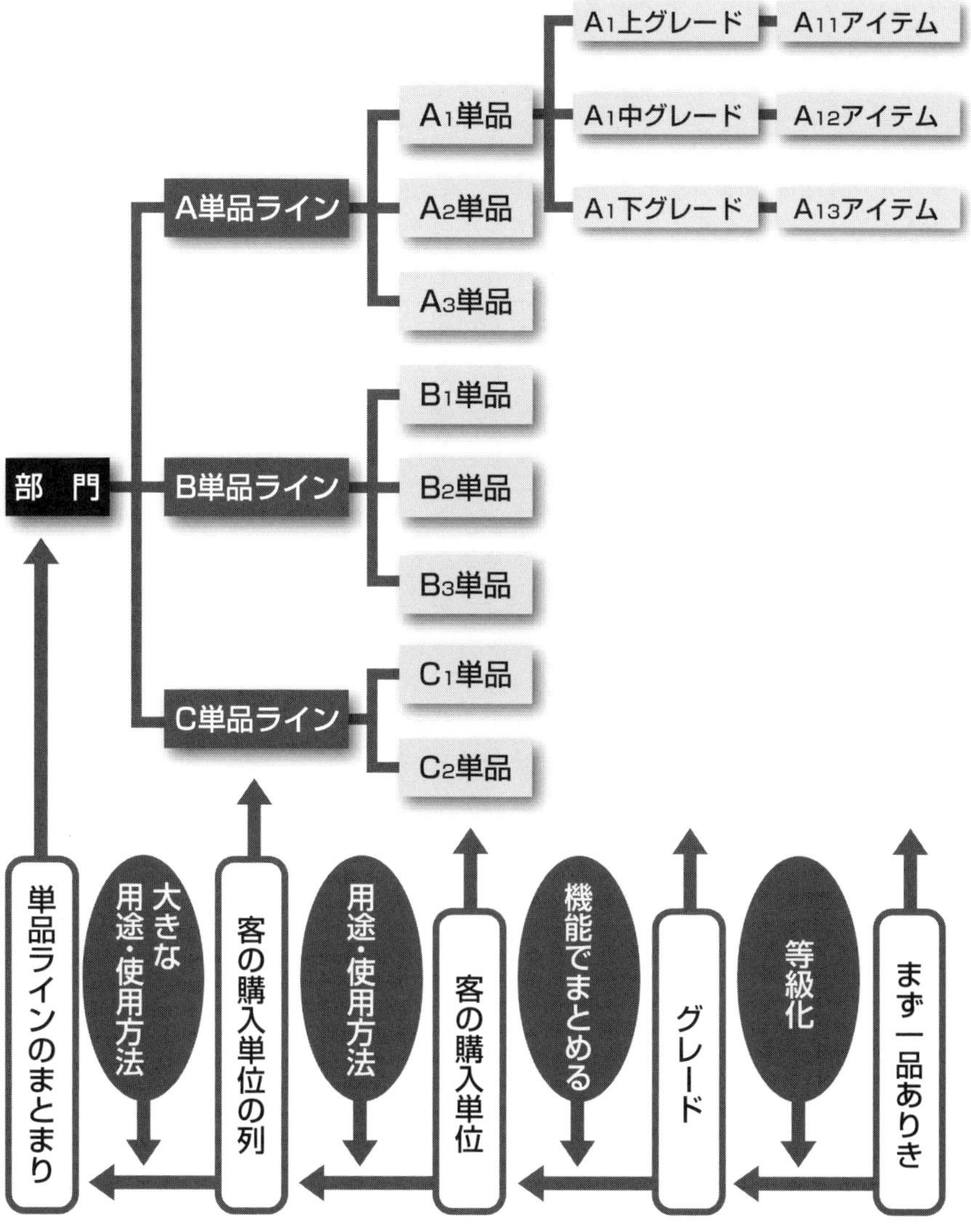

POINT
あなたのチラシは以上のように立体化されていますか？

8 品揃えの中に安さを引き立たせる

前項でお伝えした「『アイテム↓グレード↓単品↓単品ライン↓部門』で整理分類すること」がチラシの必要条件とすれば、「安さを引き立たせる」は十分条件になります。この必要十分条件がいつも満たされていなければ、チラシはうまくいきません。チラシ4サトーカメラのチラシ（43ページ）で具体的に見ていきます。

なんと言っても、ケータイ写真19円は日本一の安さです。それを社長の顔写真とメッセージ「写メでたまった大切な想い出を全部写真にしちゃってください」と一体にして伝えています。

ケータイ写真を他のいろいろな安いプリント商品との一体でチラシ化しているところから、「商品品揃えの中に安さを引き立たせる」ことを意識的にやっているのがわかります。

さらに、プリント済写真を入れる袋の「安さ感の訴求」を見てください（チラシ8）。

チラシと同じメッセージと、「19円」の文字が一面にズバリ表現されています。加えて、「メールを送ってサトーカメラサービス情報をゲット」でケータイ写真10枚分を無料で提供するという念の入れよう。このプリント済写真袋の安さと一体となっているのです。

チラシは「集客する手段」とお伝えしました。

集客は、

- 品揃えが必要条件
- 安さが十分条件

この必要十分条件が一体となるよう、あれこれ工夫していかねばなりません。それで競合店に勝たなければなりません。前のチラシよりも進化しなければなりません。

そのポイントのひとつが**品揃えの中に安さを引き立たせる**ということなのです。

「安さ」が品揃えと一体であること、品揃えを生かす大切な要素のひとつが「安い」ということ、大きな価値が品揃えなら、その価値のひとつが「安さ」なのです。

安さについては次章でくわしく解説します。

チラシ8（プリント済写真を入れる袋）

POINT

安さは十分条件であって
必要条件ではない

4章

商品の安さをSE《スーパーエコノミー》でズバリ伝えよう

1 チラシには「最適安さ」を打ち出せ！

集客するための十分条件は「安さ」です。「安さ」があってはじめて、「集客」することができるのですから、安さを追求することは、チラシ作成における重要なステップと言えます。

注意したいのは、単なる安さではなく、「最適安さ」を追求しなければならないという点です。**価格そのものの絶対的安さではなく、「価値に対する価格の安さ」**なのです。

3章で説明した「アイテム→グレード→単品」という流れを元に安さを考えましょう。61ページで検討した四つのモデルパターンで整理します。ある「単品」におけるアイテムの価値と価格を見てください。該当アイテムが四つのモデルのどこに該当し、価格をさらに安くするのか、現状のままか、逆に値上げするのかを検討します。

商品アイテム個々の絶対価格の高低だけを見てはいけません。競合店と価格を比較して手を打とうとすると、商品そのもの、商品の価値と価格が見えなくなっていくのです。するとどうなるでしょうか？　競合店のチラシの価格だけを調べて、一円でも安くしようと考えてしまうのです。

競合店より安くしようとするのではなく、自店の単品の中での安さを追求するのです。単品とアイテム、全体と部分での価値と価格の関係などを見るようにしなければなりません。

最適安さの追求、つまり、単品というシステム全体での安さを追求することによって、チラシを出す側の粗利率の低下を防ぐことが第一であり、効果的な安さのPRにもなっていくのです。

先のサトーカメラは、日本ではじめてケータイ写真を19円で提供していますが、写真プリント全体の最適安さの追求の計算があって、そうしているのです。

ケータイ写真19円は、写真プリントという単品ディスカウント型の具体例なのです。

商品がどのモデルなのかによって価格の決め方は変わる

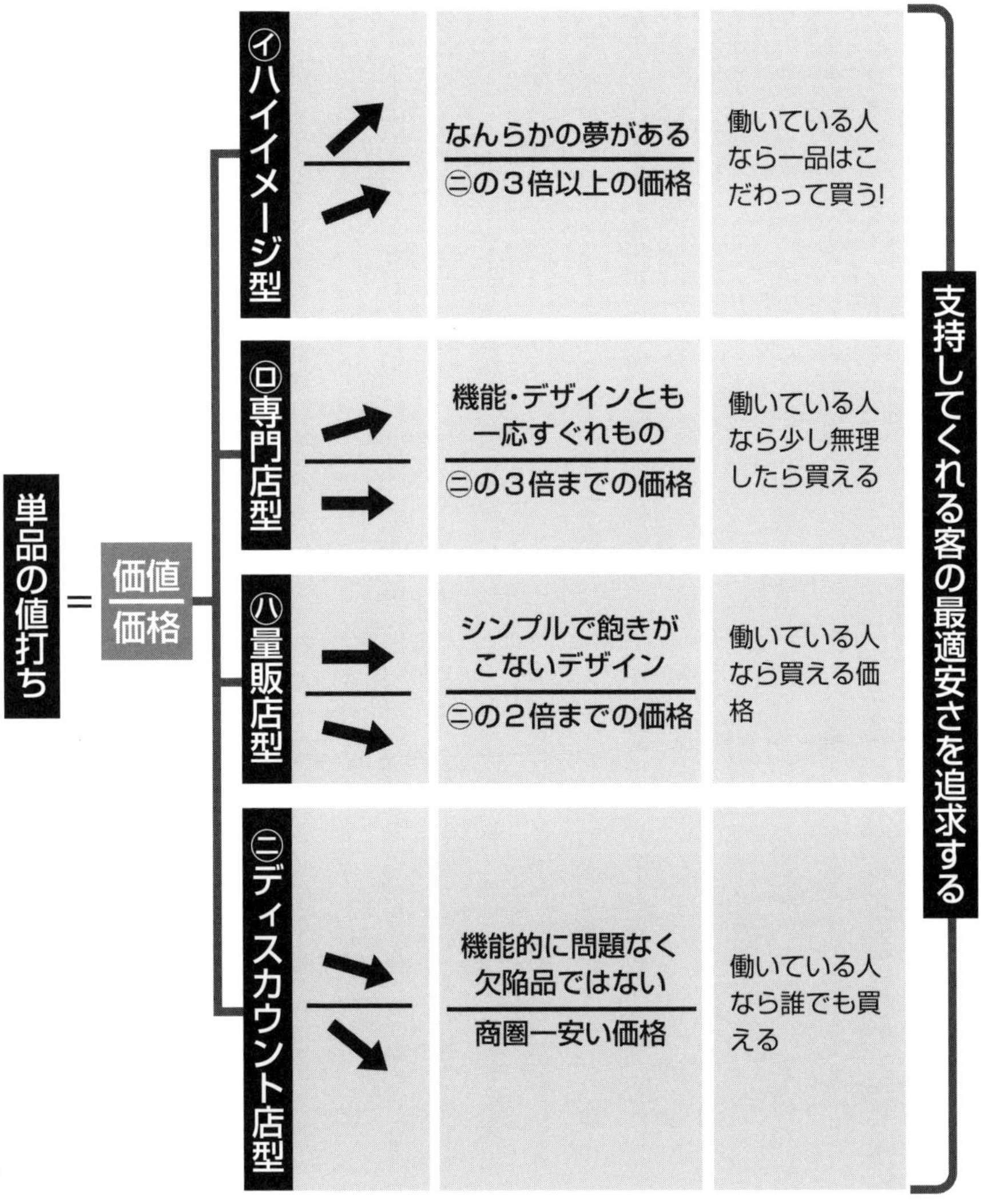

単品の値打ち
＝
価値
価格
㋑ハイイメージ型
なんらかの夢がある
㊁の３倍以上の価格
働いている人なら一品はこだわって買う!
㋺専門店型
機能・デザインとも一応すぐれもの
㊁の３倍までの価格
働いている人なら少し無理したら買える
㋩量販店型
シンプルで飽きがこないデザイン
㊁の２倍までの価格
働いている人なら買える価格
㊁ディスカウント店型
機能的に問題なく欠陥品ではない
商圏一安い価格
働いている人なら誰でも買える
支持してくれる客の最適安さを追求する

POINT
絶対的安さではなく
相対的・最適安さを追求しよう

②

「最適安さ」の条件1

働いている人なら誰でも買える価格か?

「最適安さ」について、さらに考えてみましょう。最適安さのひとつの条件は、簡単に言えば「その客が働いている人(かつて働いていて、今は年金生活も含む)なら誰でも買える」ことです。

ただし、「誰でも買える」を考える際には注意が必要です。どんな単品でも、グレード別に四つに区分けすることができるので、その**グレードごとに「買える」かどうかを考えてください。**

下の下グレード:ディスカウント店型の商品が商圏一安ければ、「働いている人なら誰でも買える」価格です。価格が商圏一安くて、それが必需品なら、絶対に買いに来てくれる客がいます。

下グレード:ディスカウント店型の上に、価格2倍までの量販店型の商品があります。必需品的単品でデザインが汎用的でシンプルならば、価格幅が2倍くらいであっても買ってもらえます。ディスカウント店型の2倍とは、いわば「働いている人なら買える価格」です。もちろんデザインが揃っていることが条件です。

中グレード:ディスカウント店型の上に、さらに価格幅3倍くらいまでの専門店型の商品があります。「機能、デザインともすぐれもの」ならば、「働いている人なら少し無理したら買える」ことでしょう。機能・デザインがすぐれているなら、少し無理をしても買うのです。

上グレード:ディスカウント店型の上に価格幅3倍以上のハイイメージ型の商品があります。「ズバリアイテムが少し安いか、買いやすい」なら、「働いている人なら他の単品の中の大切な一単品として」こだわって買ってくれます。

人は誰でもひとつくらいはハイイメージ型商品、例えばブランド品を購入します。そのために他の生活必需単品の購入をがまんするほどです。

それを人間の幻想的欲求、夢と言います。「人はパンのみにて生きるにあらず」ということを、価格、安さを考える際に思い出してください。

ディスカウント店型商品を基準に、上のグレードの価格を設定する

ディスカウント店型（下の下）	量販店型（下）	専門店型（中）	ハイイメージ型（上）	グレード
働いている人なら誰でも買える	働いている人なら買える	働いている人なら少し無理したら買える	働いている人なら全体の中の大切な一品としてこだわって買う	働いている人なら誰でも買えるか？
商圏一安い価格を198円とすれば	398円まで（198円×2）	598円まで（198円×3）	598円以上	ケーキ プライス1
1980円とすれば	3980円まで	5980円まで	5980円以上	シャツ プライス2
9800円とすれば	19800円まで	29800円まで	29800円以上	ジャケット プライス3
98万円とすれば	198万円まで	298万円まで	298万円以上	車 プライス4
その一品が商圏一安いこと	汎用的シンプルなデザインが揃っていること	機能・デザインともすぐれものが揃っていること	ズバリアイテムが少し安いか買いやすいこと	集客ポイント

POINT　あなたの店の「中」「上」単品はなんですか

3 「最適安さ」の条件2
一円でも儲かる価格か？

「最適安さ」を追求するということは、単品ごとに「働いている人なら誰でも買える」こと、つまり客志向に考えることがポイントでした。

第二のポイントは、商売する側の問題です。「一円以上儲かること」という採算ポイントを見ていきましょう。

量販店型（下）以上のグレードの商品は品揃えで勝負する分、値入率は10％、20％、30％、40％、50％（以上）ととれますから、赤字とは当然、ディスカウント店型（下の下）の商品に該当します。ときには一円しか値入れできないディスカウント店型の商品の扱い方を考えます。

原則として、**赤字は絶対にダメ**です。なぜなら、**儲からないと売る力も知恵も持続しないから**です。「他のアイテムでカバーする」というのは、問題を取り違えているに過ぎません。

「赤字を出すくらいの価格でないと競合店に負けて勝負にならない」と言う人がたまにいますが、それは商品一アイテム一アイテムの価格だけで商売している「安売り屋商法」であり、結局のところ、経営が続きません。資本主義社会は価格がすべてですが、価格の捉え方が一面的で狭いと、逆に客に時代に、資本主義に利用されてしまいます。

赤字が出るなら、出ない商品アイテムに変えればいいのです。それはときとしてＰＢ（プライベート・ブランド）かもしれません。

「働いている人なら誰でも買える」単品の下の下のディスカウント店型のアイテムは、その単品の原点、起点、始元と考えねばなりません。ディスカウント店型の商品アイテムへのこだわりは、きわめて大切です。その単品の価値／価格の始元こそ、このディスカウント店型の意味なのです。

私は、この単品の価値／価格の起点、始元の価格をスーパーエコノミー（価格：ＳＥ）と命名して、その大切さ、商売、チラシへの生かし方を一貫して問うてきました。ＳＥについて次項で検討します。

グレードごとに値入れ率を設定する

ディスカウント店型（下の下）	量販店型（下）	専門店型（中）	ハイイメージ型（上）	グレード
働いている人なら誰でも買える	働いている人なら買える価格	働いている人なら少し無理したら買える	働いている人なら全体の中の一品としてこだわって買う	働いている人なら誰でも買えるか？
商圏一安い価格を198円とすれば	398円まで（198円×２）	598円まで（198円×３）	598円以上	プライス1
その一品が商圏一安いこと	汎用的シンプルなデザインが揃っていること	機能・デザインともすぐれものが揃っていること	ズバリアイテムが少し安いか買いやすいこと	集客ポイント
たとえ１円でも粗利益があること赤字はダメ	10〜40%	20〜50%	30%以上	値入率ポイント

POINT

SEはあなたのチラシでは
どう扱われていますか？

4 ＳＥ《スーパーエコノミー》（商圏内の単品最下限価格商品）を作ってプライスリーダーになる

商圏一安い価格で、それが必需品なら、絶対に購入する客が来店してくれます。ですからチラシには、ＳＥの存在が欠かせません。「ＳＥを押さえる」ことは、チラシ作りをしていく上で最も大切なことのひとつです。

チラシ９大岩ウインド製作所のケースチラシを見てください。

日本初の、９８００円のランチケースを開発しました。儲けは１０００円もありません。それでも、店頭ランチケース15アイテムのＳＥとして週一ペースで売れています。それが5万円、10万円のショーケースの売上げにもつながっていくのです（43ページのサトーカメラのケータイプリント一枚19円もＳＥの例です。ケータイプリントの売上げ数量は昨年対比10倍を越え、他のフィルムプリントへも明らかに波及しています）。

最下限価格商品ＳＥを押さえるということは「**その単品のプライスリーダーになる**」ことを意味します。プライスリーダーになって、商圏内マーケットにおける自店のシェアを高め、押さえ込むことを狙っていくのです。

その単品の最下限価格で圧倒的集客をする→競合店のその単品の客は増えないどころか、どんどん減っていく→その単品を買ったことのない客も「安さにつられて」購入することになる。

こうして**その単品のマーケットを創造していく**のです。言い換えれば、ＳＥ、つまり圧倒的に集客できる商品でしかマーケットを創出することはできない、高単価商品では市場を創出できないということです。

先行して、ある単品をまともな価格で売って、そこそこ儲けるようになった人は、「さらに安いＳＥを作って、もっともっと売ろう」などとは決して考えません。「逆にそれに食われて売上ダウンし、全体売上、粗利も下がってしまう」と主張して、新ＳＥにチャレンジすることはありませんから、こちらとしてはやりやすいのです。

たとえＳＥ自体では一円しか儲からなくても、その単品の集客の土台を作っているのです。

チラシ9

9800円の商品の儲けは1000円もないが、
集客の土台となり、高単価商品の売上げにつながっている

POINT
あなたも一単品はSEを作って
シェアアップしよう

5 SEは利益率逓減の法則を打開する

突然ですが、質問です。

「私達は絶対的にどういう社会に生きていると思いますか？」

私は経営コンサルタントとして、よくそんな質問をします。

これに対して「ＩＴ社会・ネット社会」「エコ社会」「セーフティネットが大切な社会」といった答えが大半で、「資本主義社会」と答えた人は５％程度です。

資本主義社会と答えた人に「この資本主義社会の与件、定めはなんですか？」と追加質問すると、「金がすべて」「人間性を見失う」「弱肉強食」といった答えが大半で、「利益率逓減の法則」と答えた人はわずか５％程度です。

ということは「資本主義・利益率逓減の法則が私達の絶対与件である」ということを身をもって知っている人は、一万人のうち25人ぐらいということになります。

この法則を簡単に説明すると図のように、**商品が世の中で売れて普及すればするほど単価が下がっていく**ということです。

単価が下がることからはなん人も逃れられませんが、その大枠の中で（３ヶ月から12年くらいのレンジで）逆に「単品として捉えれば単価を上げる」ことも可能です。実際に、単価アップして儲けている人もいます。

つまり、与件と実践はまったく別次元のことなのです。

しかし大半の人は与件の中でもがきつつも仕方ない定めとして受け入れて、下がっていくのです。

一方で、「いや与件は与件として受け入れるが、私はこう実践して打開する」という人もいるのです。

「こう実践する」の突破口が、前項でお伝えしたように**SEを知り、作り、薄利でマーケットを作っていく**ということです。

つまり、単品というくくりの中で商品を捉え、それにもとづいてチラシを作ることが大切になっていくのです。

本書の例に出てくるチラシを作っている経営者達は、このＳＥの意義と役割を十分に知り尽くしているのです。

商品の単価は通常、普及するほど下がるが……

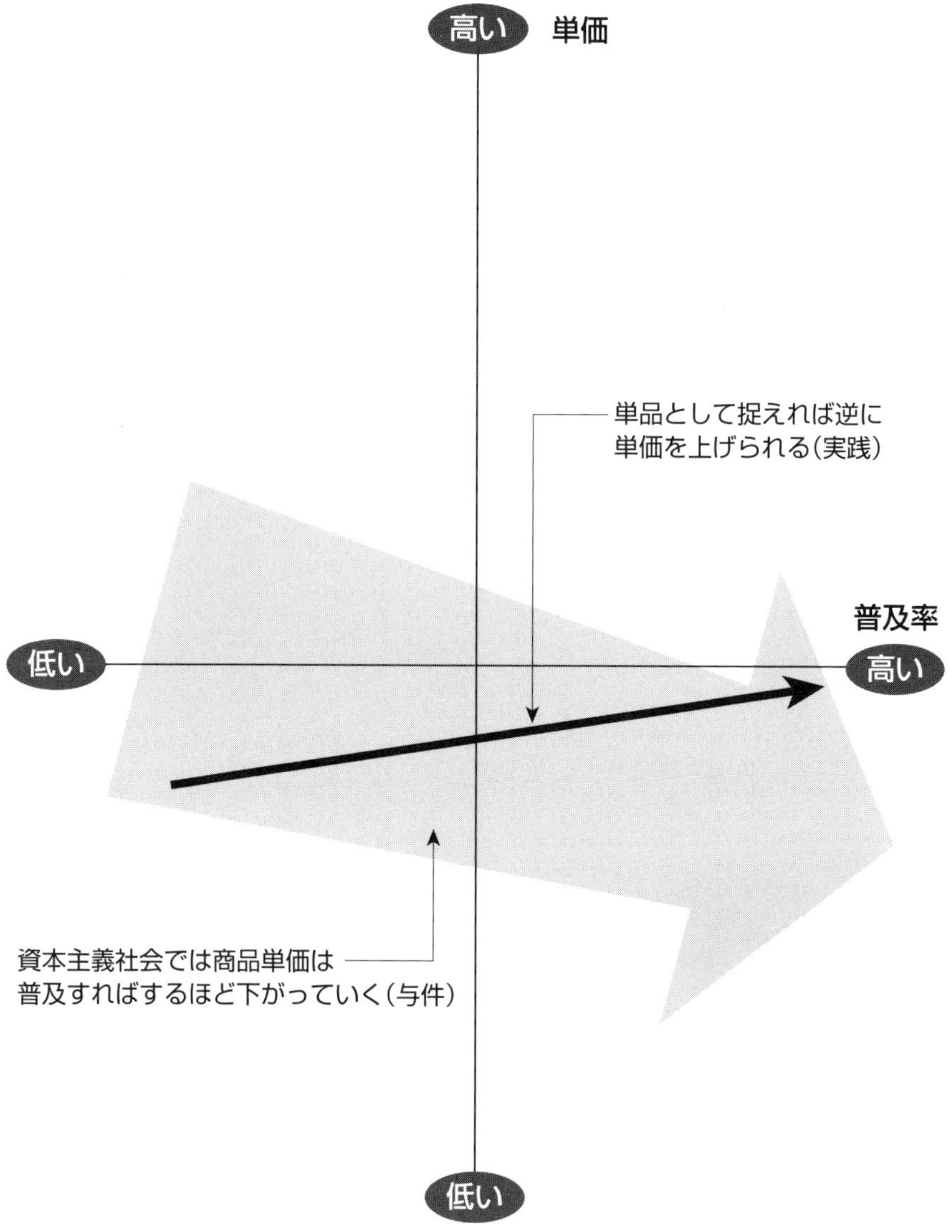
高い
単価
単品として捉えれば逆に
単価を上げられる（実践）
普及率
低い
高い
資本主義社会では商品単価は
普及すればするほど下がっていく（与件）
低い

POINT
「利益率逓減の法則」からは誰も逃れられないが、
単品として捉えれば単価アップできる

6 SE価格を基準に上位アイテムの価格を捉える

ある単品の中で最も価格の低い商品＝ＳＥの価格を「１」とした場合、上のグレードの価格はそれぞれ「２」「３」「３以上」となることは、すでにお伝えしました（左図参照）。これを「**123の価格法則**」と呼びます。「１２３の価格法則」を実践している例を以下で見ていきましょう。

たとえば、あんぱんという単品のＳＥ価格はコンビニエンスストアで売っている98円です。先の木村家にはＳＥはありませんが、けしあんぱん１５０円が下グレードに入っており、あんの多さの割に価格が抑えられています。２９８円までの中グレードには極上あんぱん２６０円、はちみつリンゴあんぱん２５０円、酒粕練乳あんぱん２００円等、いくつものアイテムをもっています。そして２９８円以上の上グレードには、３７０円の極上栗あんぱんゴールドがあります。

大岩ウインドのランチケース９８００円は、ランチケースとしては日本唯一のＳＥです。上野かっぱ橋に構える店でファザード展示されていて、週一ペースで売れています。これでランチケース、そして上位のショーケースにもプラス効果が出ています。

サトーカメラの写真プリントを大きく単品と見れば、ケータイ写真19円をＳＥと位置づけられます。一般プリントは一枚39円ですが、毎年毎年フジＤＰＥコンテストで入賞する腕前であり、価値／価格でみれば高くありません。中グレードとみなした年賀状等の写真ハガキも58円までにラクラクとはまるように値段設定されています。そして上グレードとみなした大伸ばしも一枚58円以上で額や写真立てと一体で昨年対比２００％ベースで伸ばしています。

「１２３の価格法則」は、衣食住すべての商品にあてはまります。利益率逓減の法則の下、単品を一番にし、そしてＳＥを押さえ、グレード儲け商品を開発するなどしてのり切っていくしかありません。

SEと他のグレード価格の関係

下の下（SE）	下	中	上	グレード
単品機能は満たしており、欠陥品ではない	デザインはシンプルであきがこない	機能、デザインとも一応はすぐれもの	なんらかの夢がある	価値
1	1.5〜2	2〜3	3以上	価格
98円（木村家では扱っていない）	198円まで（けしあんぱん）	298円まで（極上あんぱん等）	298円以上（極上栗あんぱん）	木村家のあんぱん
9800円	19800円まで	29800円まで	29800円以上	大岩ウインドのランチケース
19円（ケータイ）	38円まで（一般）	58円まで（写真ハガキ）	58円以上（大伸ばし）	サトーカメラの写真プリント

POINT　SEを押さえてグレードごとに手を打とう

7 SEを基準にした単品品揃えこそ商品品揃えである

品揃えとは、単品（顧客購入単位商品）ごとにやるものです。単品ごとにまず**下の下グレード**のSEで、新しい客を作る、つまり新マーケットを作っていくのです。

SEは機能性商品ですから、デザイン面ですぐれた商品とは言えません。汎用的な飽きのこないデザインになると、SEの2倍までの価格の**下の商品**が必要で、アイテムバラエティも必要となります。なぜならここのグレードの客数が一番多いからです。

さらにSEの3倍までの**中グレード**になると、機能性とデザイン共にすぐれており、アイテムバラエティが一番必要となります。専門店ゾーンのグレード商品です。

そしてSEの3倍以上（上限はない）の、デザイン的にすぐれて夢のある商品の**上グレード**である。

以上をまとめると「SEを基準にした単品品揃えこそ商品品揃えである」ということであり、それがチラシに反映されていなければなりません。チラシ10ホームテックのリフォームチラシのキッチンリフォーム（という単品）で、その辺を見ておきます。

・「使いやすさで選ぶなら」「掃除しやすさで選ぶなら」と、機能別SEを2アイテム打ち出している

・SEの価格の1・3倍くらいの下グレードには「収納で選ぶなら」「操作性で選ぶなら」の2アイテムを展開

・TVCM中の人気商品をキッチンスペシャリストに推薦させてSEの2倍弱で下の上グレードも展開

・111万円とSEの2・3倍でバランス一番の定番品とステンレス一番の定番品を配置して一番専門店リフォームプライスの存在感を出している

・最後にSEの3倍近い141万円の「料理が楽になる収納一番」の上グレードアイテムを出している

こうして見ると、独立系リフォーム会社で伸率NO1のホームテックのチラシは、単品品揃えセオリー通りであることがわかります。キッチンと同じ地域一番単品の浴室リフォームも、同じ考え方で単品品揃え一番を打ち出しています。

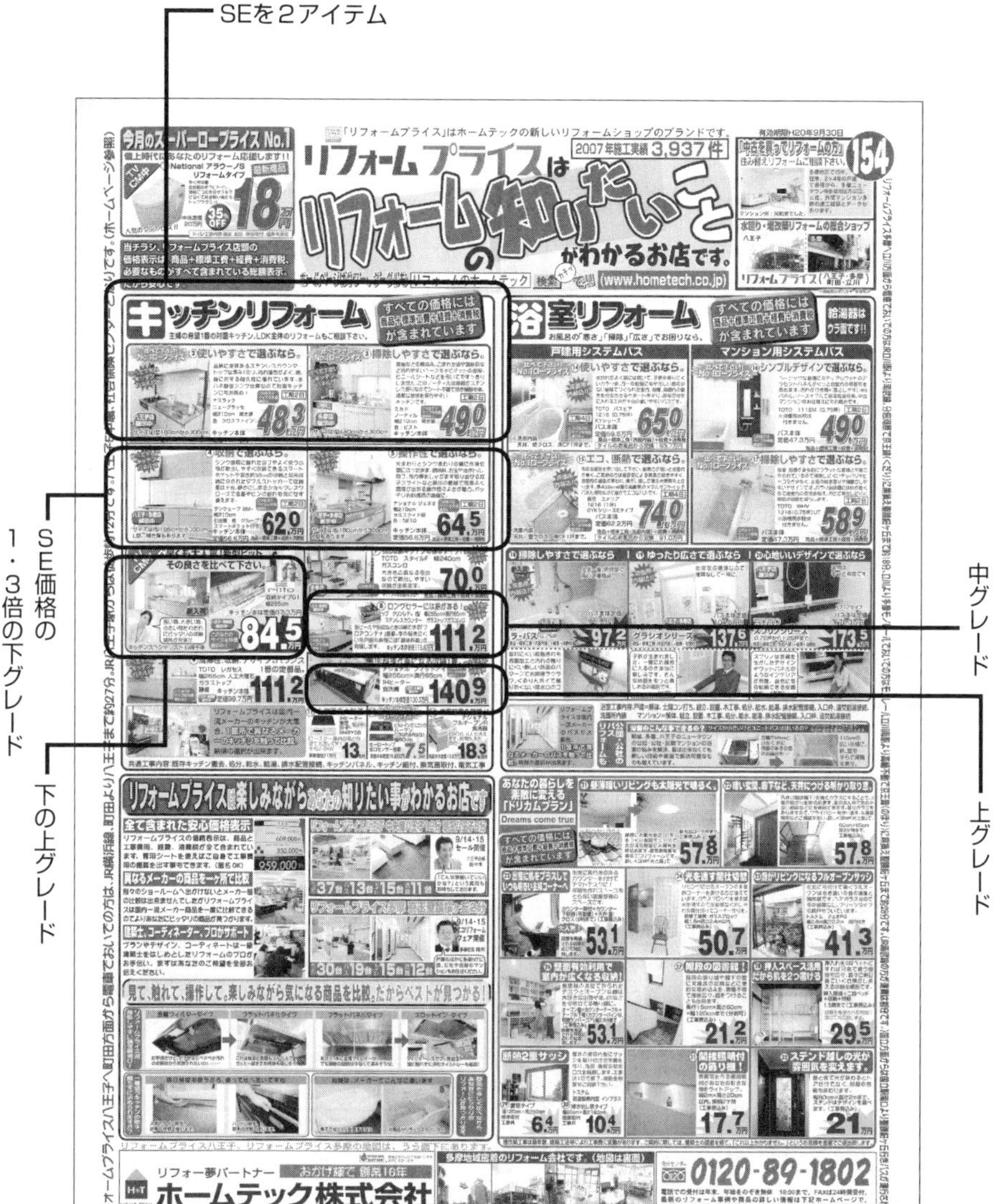

チラシ10

POINT

SEを押さえた
単品品揃えNO1をめざそう

8 単品の品揃えで商品のお値打ちを表現する

「単品の品揃えで商品のお値打ちを表現する」のが、チラシ作成におけるポイントのひとつです。

先のホームテックのチラシでは、キッチンリフォームが単品ですが、それが「使いやすい」キッチン、「掃除しやすい」キッチン、「収納一番」キッチン、「操作性」キッチンと、単品が明確に分化されています。浴室リフォームも「使いやすさ」「シンプルデザイン」「エコ・断熱」「掃除しやすさ」と、単品が明確に分けられています。

商品には一品一品何らかのよさがあります。それを素直に受け入れて、使用価値で整理していくと、それがお値打ちを表現することになるのです。

その一例がホームテックのチラシでした。

- 顧客の購入単位別に商品をみていく
- その購入単位はどんどん進化していく
- 進みすぎず遅れすぎずのタイムリーな単品の捉え方とグレード化がポイントとなる
- 「働いている人なら誰でも買える」という予算内のプライスでなければならないから、SEから品揃えをスタートさせていく

そのキーワードが「お値打ち」でした。

商品の命は商品の値打ちのことであり、値打ちがあれば売れるし、値打ちがなければ売れないだけです。値打ちがあるのは「商品使用価値の割に安い」、値打ちがないのは「商品使用価値の割には高い」だけのことです。

商品使用価値は「機能性×デザイン性」で成り立っているわけで、この「機能性×デザイン性」の質差がグレードを生むわけです。

この「機能性×デザイン性」から売る側の希望プライスが↘→↗↗の4プライスだったにしても、実勢プライス、とりわけチラシプライスは↘↘→↗とワンランク低い値入れにならざるをえません。

希望プライスを価値だとすれば、実勢プライスが価格なのですから、この価値と価格のギャップを理解し、うまく埋めて繁盛していく上でもチラシは大切なのです。

「価値の割に安い！」ということをチラシで伝える

単品の品揃えを整える

↓

商品のお値打ちを表現

↓

		SE	下	中	上
商品使用価値	機能性	△	△	○	○
	デザイン性	ー	△	△	○
売る側の希望プライス		↘	→	↗	↗
実勢プライス		↘	↘	→	↗
グレード		SE	下	中	上

POINT　売る側の希望プライスと実勢プライスのギャップをチラシで埋めよう

5章

商品のお値打ちを最適な
メッセージで伝えよう

1 チラシには「最適お値打ち」を打ち出せ！

チラシの役割のひとつが「商品のお値打ちを伝えること」と1章でご説明しました。おさらいすると、「ある商品が、価値の割には安い」ことをチラシで表現することが、当たるチラシの条件でした。この章では、商品のお値打ちを具体的にどう表現して、チラシのタイトルやメッセージにいかに落とし込むかについて見ていきます。

チラシのタイトルやメッセージを検討する際も、品揃えと同様に「アイテム、グレード、単品……」という階層で考えねばなりません（左図参照）。

店全体のテーマの主張＝チラシのタイトル、部門＝店全体のテーマのサブタイトル、部門の客生活メッセージとなります。単品ラインは客の商品イメージに近づく分、商品メッセージそのものとなります。単品はその単品の使用価値をズバリ示し、グレードでその使用価値の質差を示し、個別アイテムは商品のディテールを写真、イラストで紹介することになります。

以上を、チラシ10ホームテックのチラシ（85ページ）で確認しましょう。

タイトルは「リフォームの知りたいことがわかるお店です」ときわめて客本位な表現で、サブタイトルは「すべての価格には商品＋標準工費＋経費＋消費税が含まれています」と安心のメッセージです。

キッチンリフォームや浴室リフォームの単品ラインは「主婦の希望一番の対面キッチン、ＬＤＫ全体のリフォームもご相談ください」「お風呂の『寒さ、掃除、広さ』でお困りなら」と、商品第一義のメッセージです。主力単品のシステムキッチンでは「使いやすさ」「掃除しやすさ」「収納」「操作性」と商品の使用価値を伝えています。すでに見たように、システムキッチンはＳＥ48・3万円からハイイメージ140・9万円まで4グレードが3倍の倍率で示されています。そして最後の個別アイテムは商品、写真、商品名、価格、個別価値が伝えられています。これではじめて、ホームテックのリフォームの値打ちが伝わっていくのです。

商品の分類レベルによってメッセージのレベルは変わる

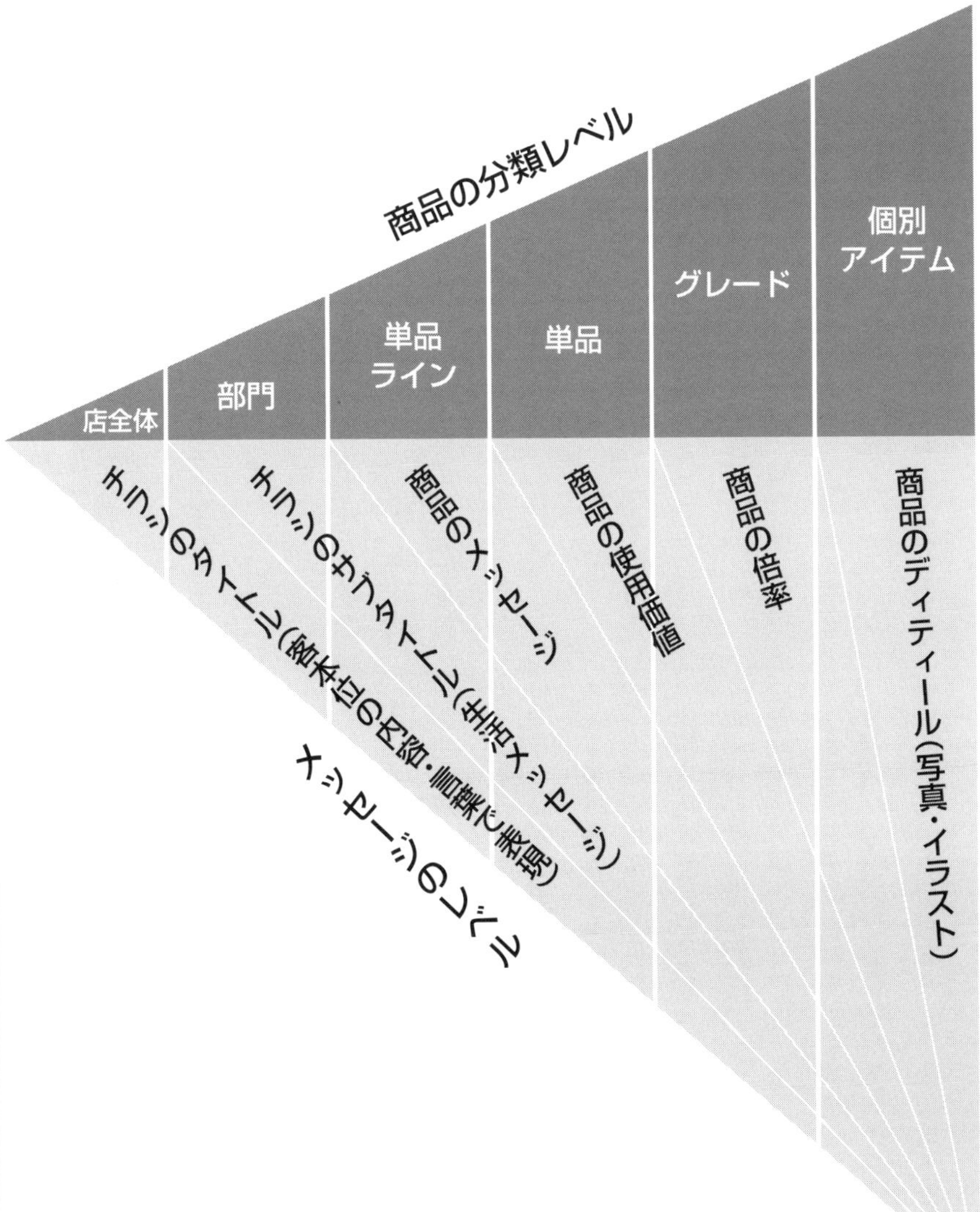

POINT **商品と生活の関連からチラシの構成を考えよう**

2 店全体の商品のお値打ちをタイトルで表現する

チラシ11創庫生活館の買取オープンチラシを見てください。タイトルは「生野エコ店買取オープン」となっています。

リサイクル店のオープンチラシで、「買取りオープン」「通常より高く買います」「査定額20％アップ」「その他プレゼントやカードサービス」と、店全体の商品お値打ちをタイトルでズバリ打ち出しています。「買取り」というメッセージが10回近く、これでもか、これでもかと打ち出されています。

チラシ12初かすみ酒房のオープンチラシも見てください。同じオープンチラシですが、オープンチラシには「店全体の商品お値打ち」が顕著に出るものです。

「初かすみ酒房なんば店新規オープン」「姉さん　大根とすじとにごり頂戴！　はいよ！　おまたせ！」「生ビール1杯につき100円」「日本酒大吟醸1杯につき300円」と、店全体の商品のお値打ちである「酒とおでん」をビジュアル的にも打ち出しています。

チラシ11は「高価買取り」、チラシ12は「酒とおでん」という店全体の商品のお値打ちをシンプルに打ち出しているのです。ここでの例はオープンチラシですが、通常チラシでも同様に「店全体の商品お値打ちをタイトルで表現する」ことが重要です。

店全体の商品お値打ちを、シンプルにひと言で表現するのがチラシのタイトルです。それは多くの商品をまとめきった価値表現そのものです。それは店の主力商品、シンボル商品、一番商品の価値表現でもあります。

誰でもお客のことを懸命に考えてチラシ、タイトルの表現を考えているでしょうが、それはお客に代わって、自らの「商品お値打ち」をタイトル的に表現することなのです。

オープンチラシは主張が明快でいいのですが、主張が大切なのはむしろ通常のチラシです。通常チラシでいかに「商品のお値打ちをしっかり伝えるか」を事例にもとづいて見ていくことにしましょう。

チラシ12

チラシ11

POINT タイトルでズバリ商品の値打ちを伝えよう

3 部門のお値打ちを生活メッセージで表現する

前項で説明した「商品のお値打ちをしっかり伝える」ことについて、チラシ13ノザキのチラシで検証してみましょう。大分NO1のドラッグストア、ノザキのチラシです。

支持してくれる客の最適お値打ちを探求すべく、店全体の商品お値打ちを「スーパードラッグ・ノザキ現金バッグ祭」とタイトルで表現して3～5%安いことをズバリ訴求しています。

ヘルスケア部門では「大分県民の健康をサポートします」とさりげなく生活メッセージを打ち出しています。ビューティケア部門にはそうしたさりげない生活メッセージはないものの、ヘルスケア一体で「内と外から美健のススメ」のメッセージと共に商品をズバリ伝えています。裏面の酒部門では「料飲店様大歓迎激安」、食品部門では「ノザキのお米は本当においしいよ!!　ぜひ、食べてみてください!!」と生活メッセージを伝えています。

どの部門の商品でも、商品である以上、それは「客の生活の手段」です。**その客の生活にとって、商品がいかに役立つかを伝えなければいけません。**それは、部門の商品お値打ちを生活メッセージとして表現することでもあるのです。

「大分県民の健康をサポートする」ヘルスケア、「内と外から美健のススメ」のビューティケア、「料飲店様大歓迎激安」の酒、「お米が本当においしい」食品と、部門によって主張する生活メッセージはいろいろです。

生活メッセージは「こうだ！」とひと言で言い切れるものでなく、部門によってさまざまです。生きた生活メッセージとして売上アップに寄与すればいいのです。

「部門」として商品を大きくくくって考えるときには、客の生活・生活メッセージと一体で考えるくせをつけてください。「商品と生活の関連をいつも考える」「その商品で客の生活に有益な商品のことを考える」「生活がよくなることを考える」と、それが部門の商品お値打ちを生活メッセージとして表現することになるのです。

チラシ13

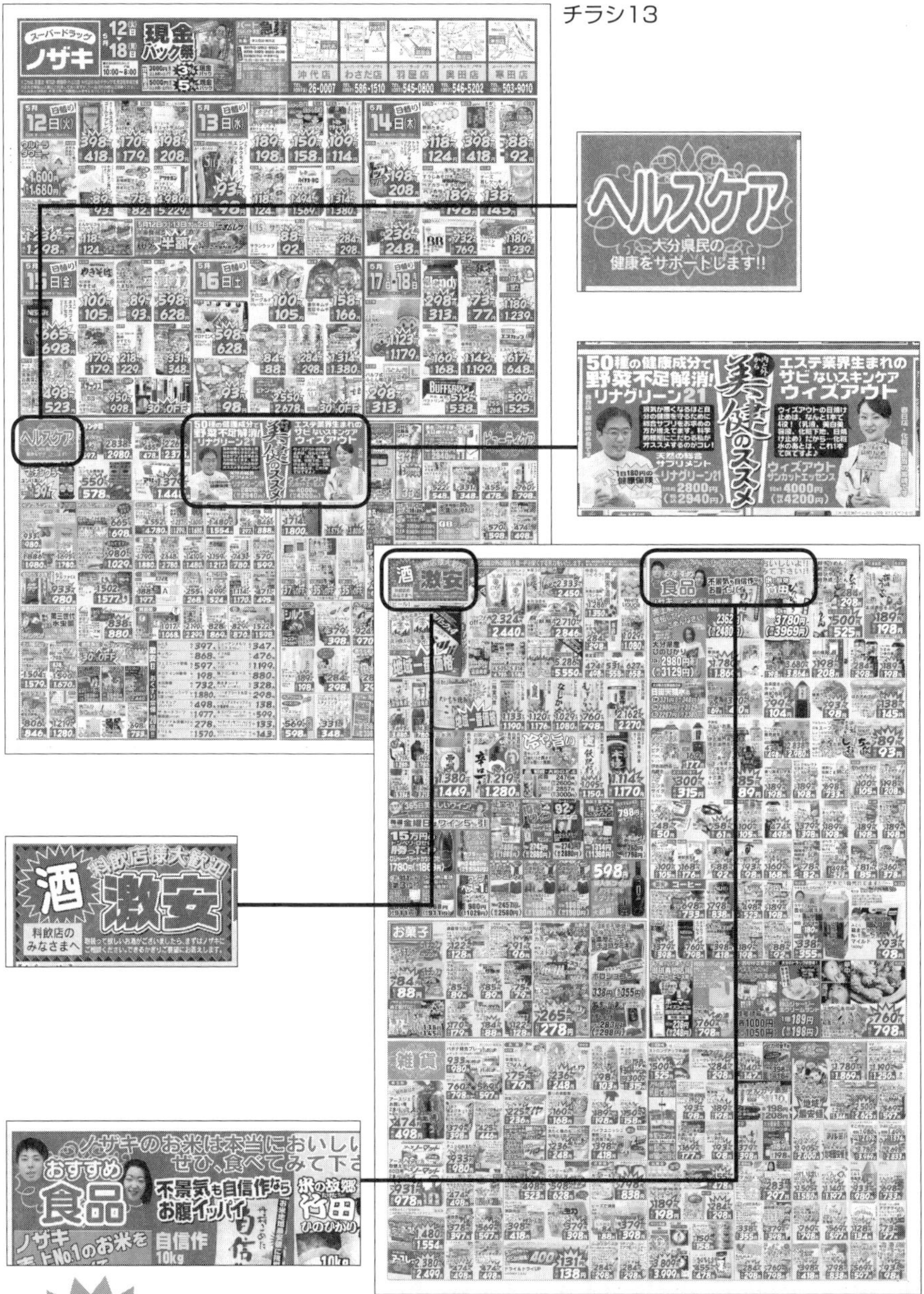

POINT

部門のお値打ちは生活メッセージとなることを理解しよう

4 単品ラインのお値打ちを商品メッセージで表現する

ノザキのチラシで、さらに「単品ラインと商品メッセージ」の関連について見ていきましょう（98・99ページ）。

5月のGW後の夏のチラシということで、表面のヘルスケア部門にはドリンクという単品ラインができています。「タウリンとローヤルゼリーのマッチングぅ～ユンパミン39円」が目立ちます。ドリンク単品ラインを、ユンパミン39円の「タウリンとローヤルゼリーのマッチング」という商品メッセージで伝えようとしているのです。

ビューティケア部門は日焼け止めという単品ラインが目立ちます。「エステ業界生まれのサビないスキンケアウィズアウト」を体の外から、中からは「50種の健康成分で野菜不足解消！　リナグリーン」と連動させて伝えています。

裏面の酒部門のビール単品ラインは「地域一番価格」をひたすら伝え、ワイン単品ラインは「金曜日はワイン5％引き」と「365日美味しいワイン」を現実メッセージ化しています。

食品もお米単品ラインは「大分県産ひのひかり」という地元商品メッセージを伝え、そうめん、うどん単品ラインは「讃岐」をひたすら伝えています。

これによって、単品ラインのお値打ちを商品メッセージで表現しているのです。

単品ラインとは単品がライン、つまり列をなしたもので、いくつかの単品をある分類でくくったものです。

ノザキの例で見ればヘルスケアはドリンク、サプリメント、インフルエンザ対策商品、ビタミン剤……といった単品ラインから成り立っていて、ビューティケアも酒も食品もいくつかの単品ラインから成り立っています。

その単品ラインごとに必ず自店の商品メッセージが存在します。その単品ラインを単品ラインたらしめている商品コンセプトが必ずあります。この単品ラインの商品のお値打ちをまとめて、あるいは単品やアイテムで具体的に伝えることが、チラシをしっかりと客に伝えることになるのです。

あなたの店の単品ラインの商品メッセージは何か？

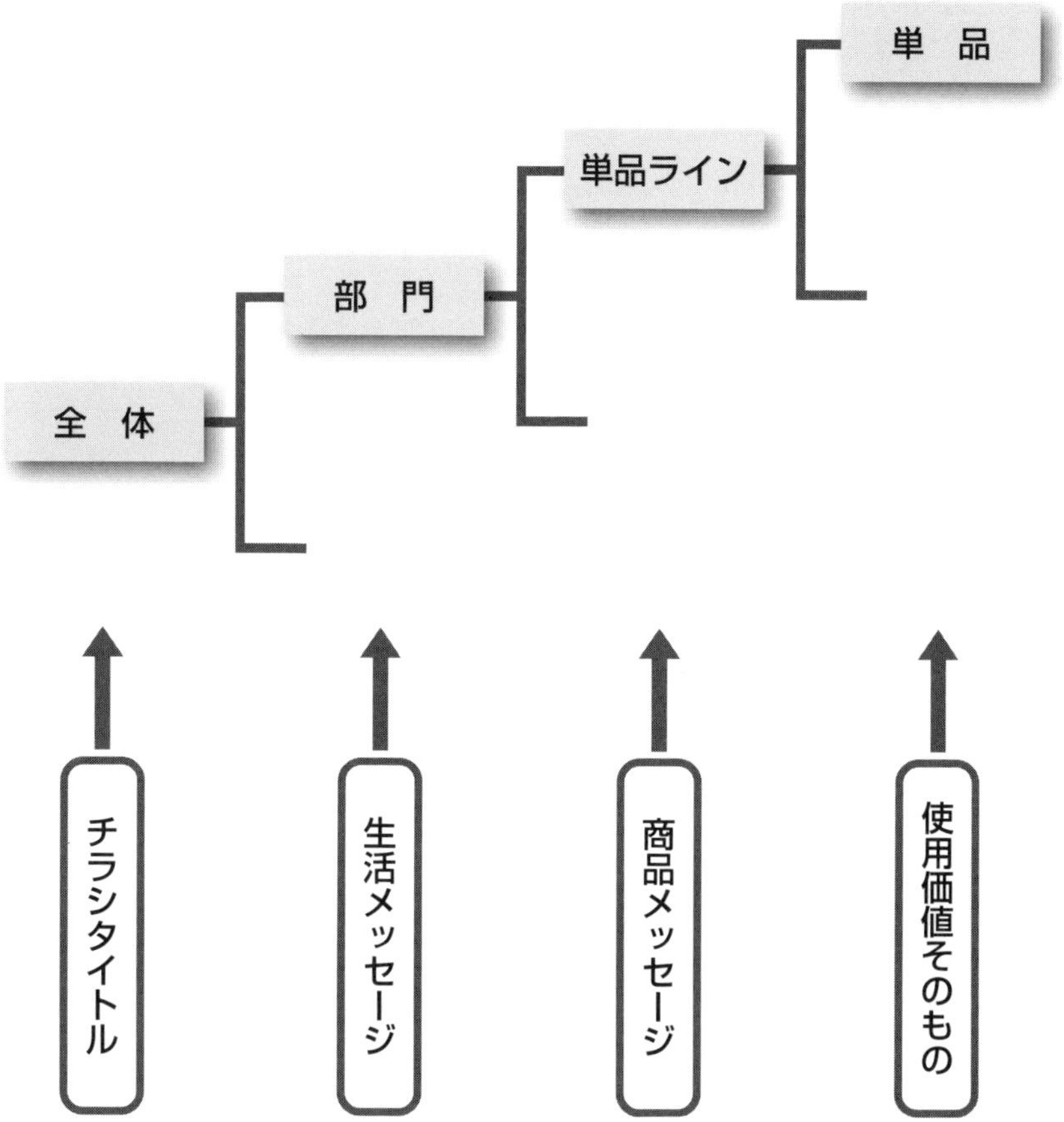

POINT

商品分類レベルと言葉レベルの相関を知ろう

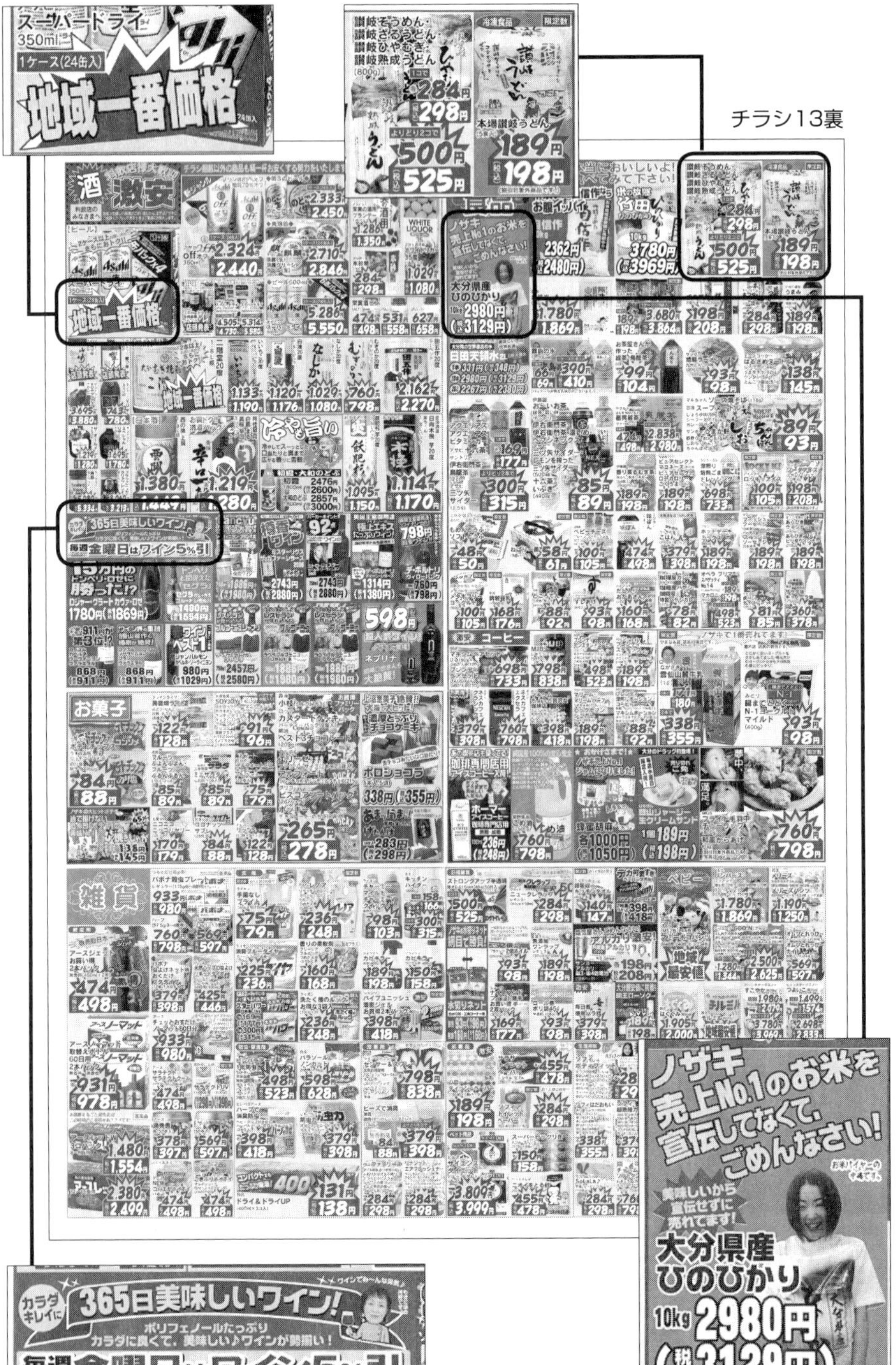
スーパードライ
350ml
1ケース(24缶入)
地域一番価格
讃岐そうめん・讃岐ざるうどん・讃岐ひやむぎ・讃岐熟成うどん
(800g)
298円
よりどり2コで
500円
525円
冷凍食品
限定数
本場讃岐うどん
189円
198円
365日美味しいワイン!
カラダキレイに
ポリフェノールたっぷり
カラダに良くて、美味しい♪ワインが勢揃い!
毎週金曜日はワイン5%引
ノザキ売上No.1のお米を宣伝してなくて、ごめんなさい!
美味しいから宣伝せずに売れてます!
大分県産ひのひかり
10kg 2980円
(税込3129円)

チラシ13裏

チラシ13表

スーパードラッグ
ノザキ
5月12日(火)〜18日(月)
現金バック祭
パート急募
沖代店
わさだ店
羽屋店
奥田店
寒田店
TEL.(0979) 26-0007
TEL.(097) 586-1510
TEL.(097) 545-0800
TEL.(097) 546-5202
TEL.(097) 503-9010
ヘルスケア
ビューティケア

タウリンとローヤルゼリーの
マッチングぅ〜
ユンパミン
(100mℓ)
1本で
税込
39円
ユンパミン
タウリン 1200mg
100mL

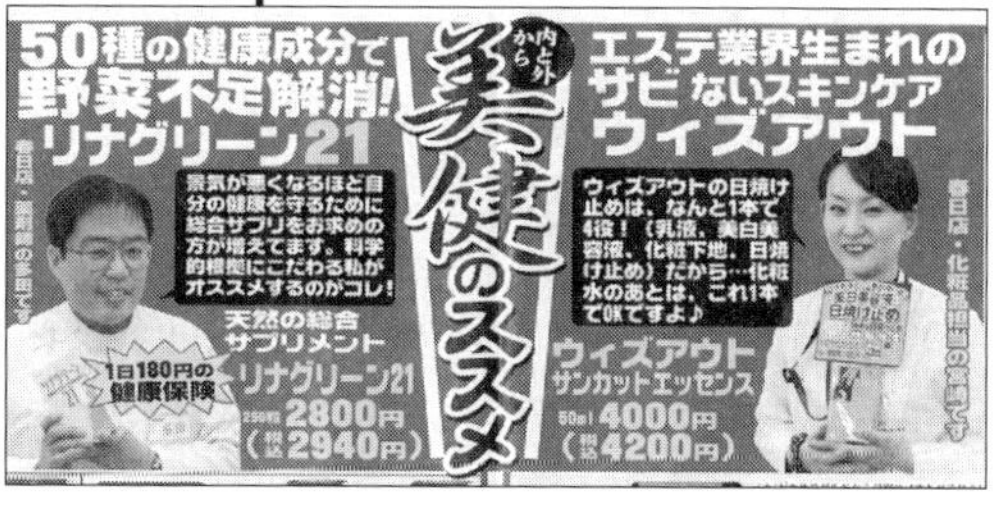
50種の健康成分で
野菜不足解消!
リナグリーン21
景気が悪くなるほど自分の健康を守るために総合サプリをお求めの方が増えてます。科学的根拠にこだわる私がオススメするのがコレ!
天然の総合サプリメント
リナグリーン21
2800円
(税込2940円)
1日180円の健康保険
内から外から
美健のススメ
エステ業界生まれの
サビないスキンケア
ウィズアウト
ウィズアウトの日焼け止めは、なんと1本で4役!(乳液、美白美容液、化粧下地、日焼け止め)だから…化粧水のあとは、これ1本でOKですよ♪
ウィズアウト
サンカットエッセンス
4000円
(税込4200円)

5 単品のお値打ちを使用価値で表現する

同じく次も、ノザキのチラシで「単品と使用価値」の関連について見ていきましょう。ある商品のお値打ちを使用価値で表現しているのは、以下の文章です。

「ウィズアウトの日焼け止めは、なんと一本で4役！『乳液、美白美容液、化粧下地、日焼け止め』だから… 化粧水のあとはこれ一本でOKですよ♪」

リナグリーン21の「50種類の健康成分で野菜不足解消！」「景気が悪くなるほど自分の健康を守るために総合サプリをお求めの方が増えてます」

すでにお伝えしたように、「単品」とは、買い物の際に客が「お金を支出する単位の商品」を意味します。

商品を単品として捉えて、そのお値打ちをあれこれ考え分析するのです。そのお値打ちとは、単品の客使用価値をあれこれ具体的に検討して提案することなのです。

ウィズアウトというアイテムは日焼け止めスキンケア商品という単品のひとつ、リナグリーン21というアイテムは天然総合サプリメント商品という単品のひとつなのです。それらが、「乳液、美白美容液、化粧下地、日焼け止めという使用価値にすぐれています」「50種類の健康成分で野菜不足解消の天然の総合サプリメントという使用価値にすぐれています」と提案しているのです。

単品の使用価値の体系化は、20年前に私が発表した使用価値公式が参考になるはずです。

商品のお値打ち　→　単品の使用価値　→（本来的機能価値：F＋付加的機能価値：f）×（本来的デザイン価値：S＋付加的デザイン価値：s）

Fは商品本来の機能価値、fはその付加的、おまけ的価値、Sは商品本来のデザイン価値、sはその見ばえ価値のことで、この四つの価値の複合、統合が単品価値である、という考え方です。

たとえば総合サプリメントのFは「五臓六腑にじわっと効いて元気」、fは「少し目先で元気になる」、Sは「永く体のバランスを好キープする」、sは「パッケージも含めてじわっと効くイメージがする」となります。

単品の使用価値は「機能」と「デザイン」に分けて考える

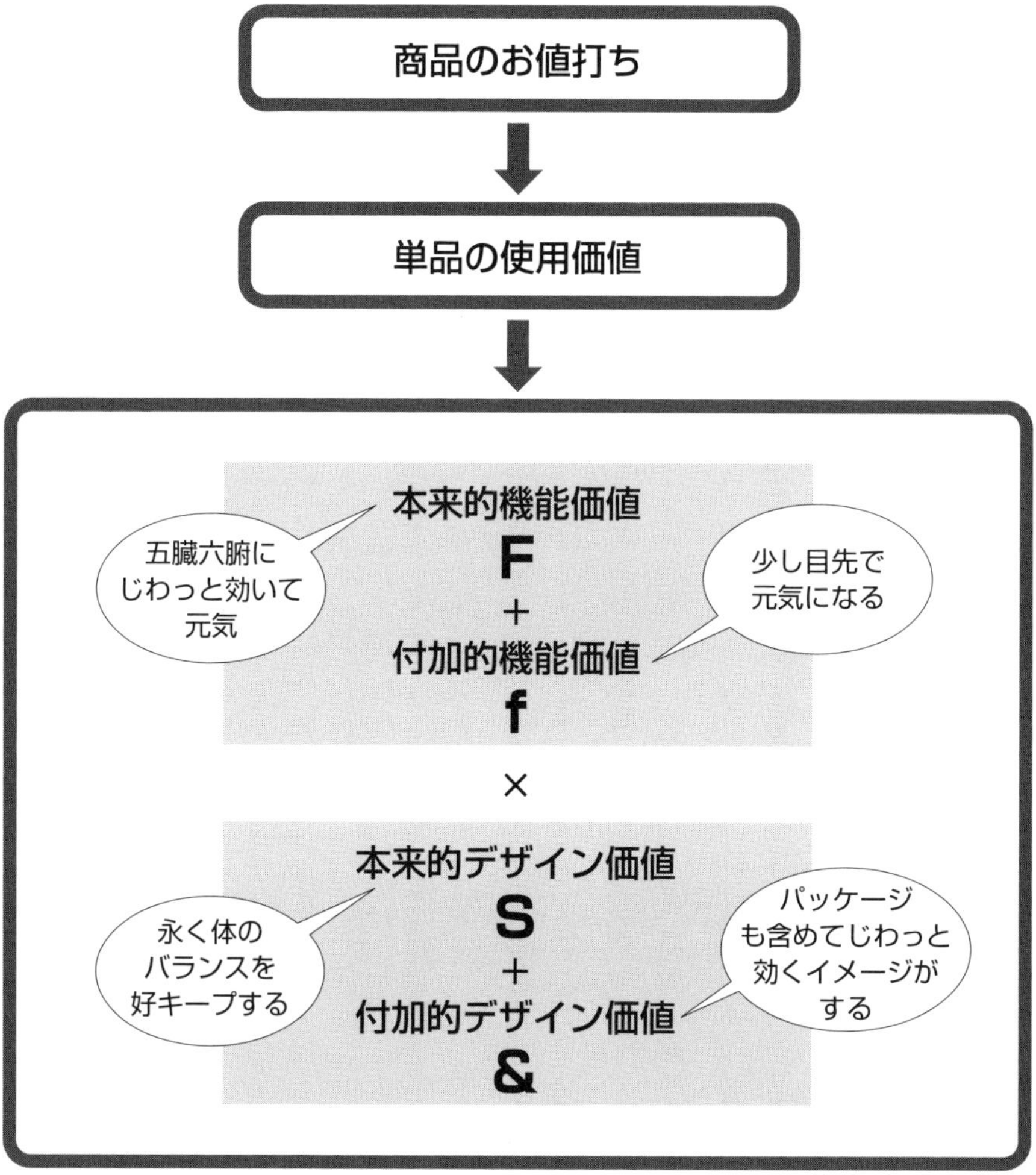

POINT
あなたの主力単品の使用価値は明らかですか？

6 グレードのお値打ちを倍率で示す

当たるチラシを検討するということは、当たる商品とは何か？　その捉え方、そのまとめ方、その組み合わせ方を検討していくことに他なりません。

その最重要キーワードが「単品」でした。

繰り返しますが、単品とはお客の購入単位商品として商品を捉えたものでした。当然、単品としていくつかの商品アイテムがくくられることになります。

「単品＝価値／価格」を価値の低いほうから高いほうに整理すると、左表のように集約されることはすでにお伝えしました。価値／価格の最下限をスーパーエコノミー（SE）といい、SEの初期値1が決まることで、下（SEの2倍まで）、中（SEの3倍まで）、上（SEの3倍以上）とグレード化、等級化できるようになるのです。

単品のライフサイクルが安定期に入って、マーケットが広がらないどころか縮小しているときは単品を「12３の倍率」で捉えるとマーケットにふりまわされません。それをまとめてみたのが左図です（なぜ単品安定期は1 2 3の倍率になるかは宮内の他の本で詳しく説明してますから、そちらを見てください）。

先のノザキのチラシのドリンク単品を整理すると、左図の通りになります。

- SEは必ず価格主導権をとること
- SE商品も品揃えして、安さを押さえること

そうすれば、強いSEの存在で顧客購入単位商品（単品）の品揃えパワーが高まり、集客力も販売力も高まり、チラシが当たるのです。

客はそのときの購入用途によって、ついで買い的商品のSE、少しFS価値にこだわる下グレード商品、FfSsのすべてにこだわる中グレード商品、そして自分なりに最高の価値を求める上グレード商品と使い分けるのです。

「単品グレードのお値打ちを倍率で示す」ことで自分の頭をしっかりと整理してチラシ作りをしてください。

単品を４つのグレードに分け、チラシに表す

単品のお値打ち

＝

$$\frac{価値}{価格}$$

＝

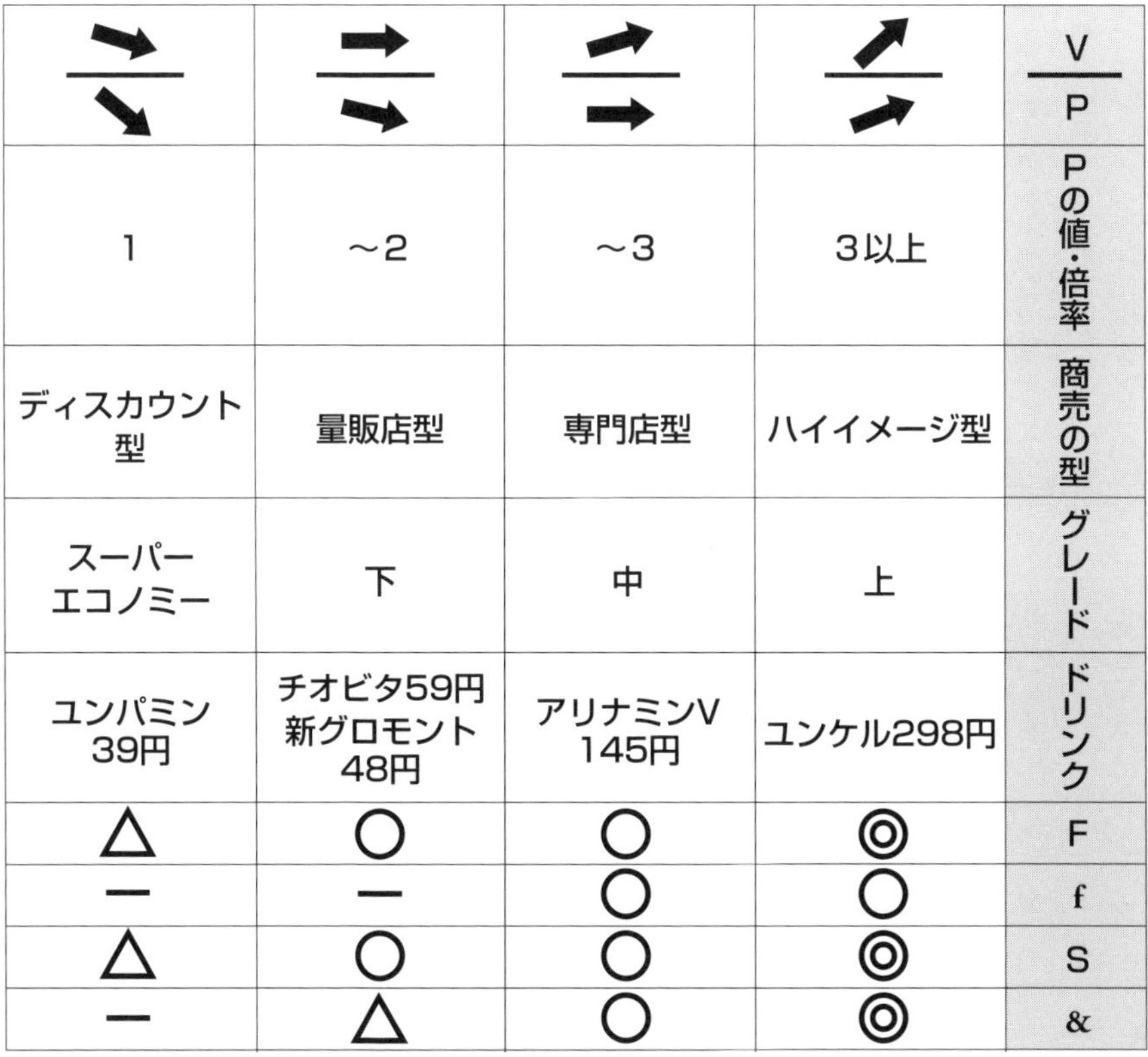

1	～2	～3	3以上	Pの値・倍率
ディスカウント型	量販店型	専門店型	ハイイメージ型	商売の型
スーパーエコノミー	下	中	上	グレード
ユンパミン39円	チオビタ59円 新グロモント48円	アリナミンV 145円	ユンケル298円	ドリンク
△	○	○	◎	F
―	―	○	○	f
△	○	○	◎	S
―	△	○	◎	&

POINT

単品のグレードをしっかりチラシで表現しよう

7 個別アイテムのお値打ちをリアルに表現する

チラシに載せてお客に訴求していく最終商品はもちろん、一品一品の個別アイテムです。

ですから、そのチラシ一品一品の個別アイテムのお値打ちをリアルに表現することが大切です。

リアルに表現するには、単品の4つの使用価値（ＦｆＳｓ：101ページ参照）の一つひとつを伝えるか、そのいろいろな組み合わせを伝えるか、いずれかです。

先のドリンクのＳＥ、ユンパミンの「タウリンとローヤルゼリーのマッチングぅ～」は、ＦあるいはＳ価値の原因そのものを伝えているところがリアルです。

インフルエンザ対策商品のクレベリンは「ポンと置くだけで空間に浮遊するウイルスを除去！」と、ズバリＦ価値を伝えています。

インフルエンザ対策マスクのかぜ花粉マスクは、「厚生労働省がインフルエンザ対策としておすすめしている不織布マスクです！」と不織布がＦ価値にあたります。

個別アイテムのお値打ちをリアルに表現するためには

---

①まずＦ価値を特定する

そのＦが商品を商品たらしめているからです。

②そのＦとの相関の中でｆを決める

Ｆのおまけ、補完機能がｆだからです。

③ＦをＦたらしめている材質やつくりからくるデザイン性がＳ

Ｆ機能は材質やつくり方で完成され、この「材質×つくり」がデザインなのです。

④そして、その見ばえ価値がｓ

こうした四つの価値を、一品一品のアイテムに即してズバリ特定するのです。

そのためにも、アイテムの集積を単品として捉え、グレードの違いを考慮した使用価値をリアルに表現していくことです。

お値打ちをリアルに表現するには4つの使用価値を考える

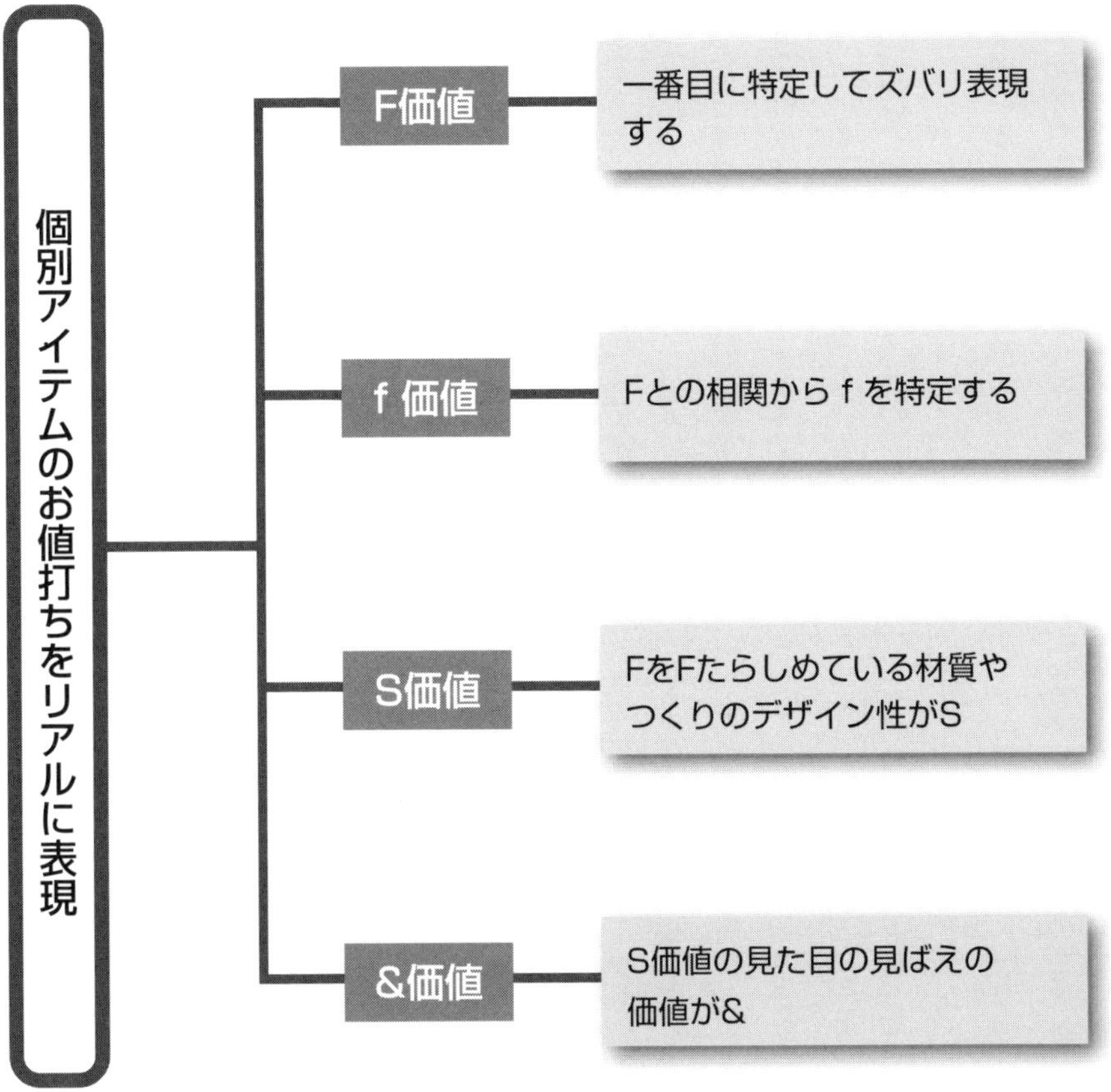
個別アイテムのお値打ちをリアルに表現
F価値
一番目に特定してズバリ表現する
f 価値
Fとの相関から f を特定する
S価値
FをFたらしめている材質やつくりのデザイン性がS
&価値
S価値の見た目の見ばえの価値が&

POINT　**商品4つの使用価値を捉えてみよう**

8 商品のお値打ちをシンボル商品として結実させる

今、皆さんが生きている社会はどういう社会でしょうか？　結論を言えば、

- 資本主義社会
- 人間性より資本が優先する社会
- 資本やマネー獲得で追い立てられる社会
- みんな超多忙で、他のヒトやモノをじっくり見守ることができない社会

です。つまり、**誰もが自分の存在そのものを他のヒトやモノに向かって「ズバリ・シンプル・リアル」に伝えきらねばならない社会であり、時代といえます。そういう社会、時代の中での商品であり、チラシなのです。**

ですから、チラシには**商品のお値打ちがズバリ伝わるシンボル商品として結実させる**必要があるのも当然といえるでしょう。

支持してくれるお客にとっての最適お値打ちを探求するために、店全体のお値打ちをタイトルで表現し、部門のお値打ちを生活メッセージで表現し、単品ラインのお値打ちを商品メッセージで表現し、単品のお値打ちを使用価値で表現し、グレードのお値打ちを倍率で示し、個別アイテムのお値打ちをリアルに表現してきた私たちが最終的に行き着くのは、「シンボル商品」の存在であり、それを育て上げてきたことの手法についてです。

男にとって、それがまず妻でしょう。親にとって、それが子供でしょう。経営者にとって、それが会社でしょう。皆さんにとって、それが商品であり、まずは一品、絶対的一品、逸品になります。

先のノザキのチラシでは、ヘルスケアのリナグリーン21とビューティケアのウィズアウトがそれに当たります（事実、大分NO1の売上高を達成し、圧倒的一番シェアをめざしている）。ですから、薬剤師と美容担当者のキャラと一体のチラシ訴求になっているのです。

この二品、二人が今ではノザキのひとつのシンボルにまでなっているのですが、もちろんこれは野崎社長、専務の販促戦略、チラシ対策そのものなのです。

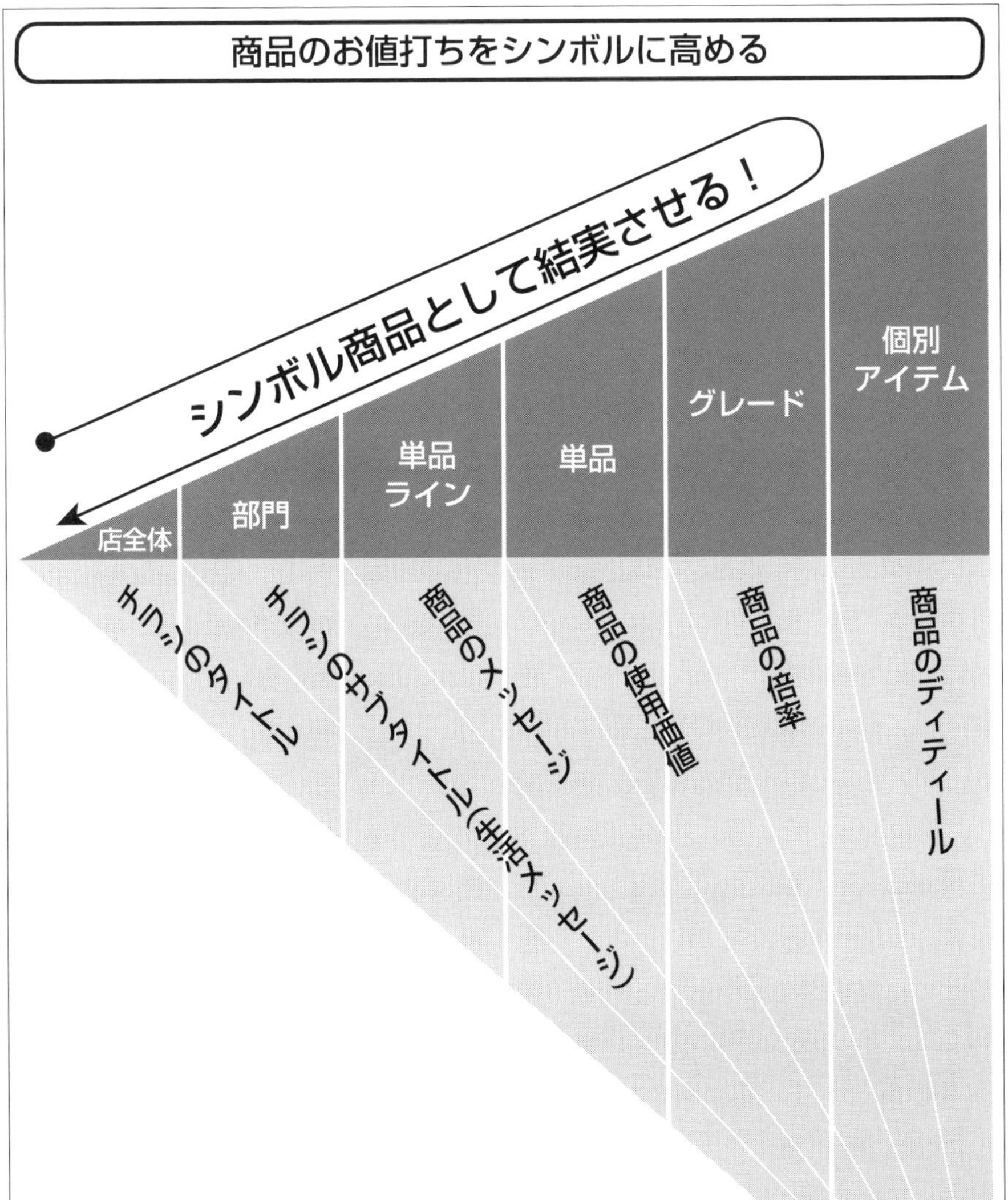

POINT　あなたのシンボル商品はなんですか？

6章

商品をシンボル商品に育て上げよう

1 チラシで商品をシンボリックに打ち出せ！

チラシの重要な役目のひとつに「シンボル商品を一品育て上げる」ことがあげられます。そのため「商品をシンボリックに伝える」考え方や手法がきわめて大切です。まずは、シンボル商品の特徴を押さえておきましょう。シンボル商品とは「『アイテム＝単品』になってしまった商品」ということです。

- 野球のイチロー選手は走攻守揃ったオールラウンドプレーヤーである
- 富士山は日本一の山である
- 桜は春の花の代表である
- 名物チラシは店の顔である
- あなたの子供はあなたのすべてである

これらはすべて、「アイテム＝単品」になってしまった商品です。

「アイテム＝単品」とするには、「善→真→美」をきちんと満たしているいい商品ということは当然で、意図的に育て上げなければシンボル商品にはなりません。「意図的に育て上げる」方法をこの章ではみていきましょう。

さて、「『善→真→美』を満たしているいい商品なんてうちにはない！　ないからチラシが当たらず苦労しているんだ！」という声をよく聞きます。そんなとき私は即答します。

- あなたのすべてである子供さんはいるでしょう
- あなたの会社はあなたの命そのものでしょう
- あなたのＮＯ１商品だってあるでしょう

「あるのにわかっていない」「あるのにないと思っている」「あるのに育てていない」だけのことなのです。

言葉をかえれば、**オンリーワンは誰だって持っているのに、育て上げることをしていないからオンリーＮＯ１になっていないだけ**のことです。

「アイテム＝単品」になってしまったオンリーＮＯ１のシンボル商品は、誰にでも作れるのです。チラシ１の木村家あんぱんがあんぱんカードにまでなったのも、その一例です（チラシ14）。

チラシ14表

チラシ14裏

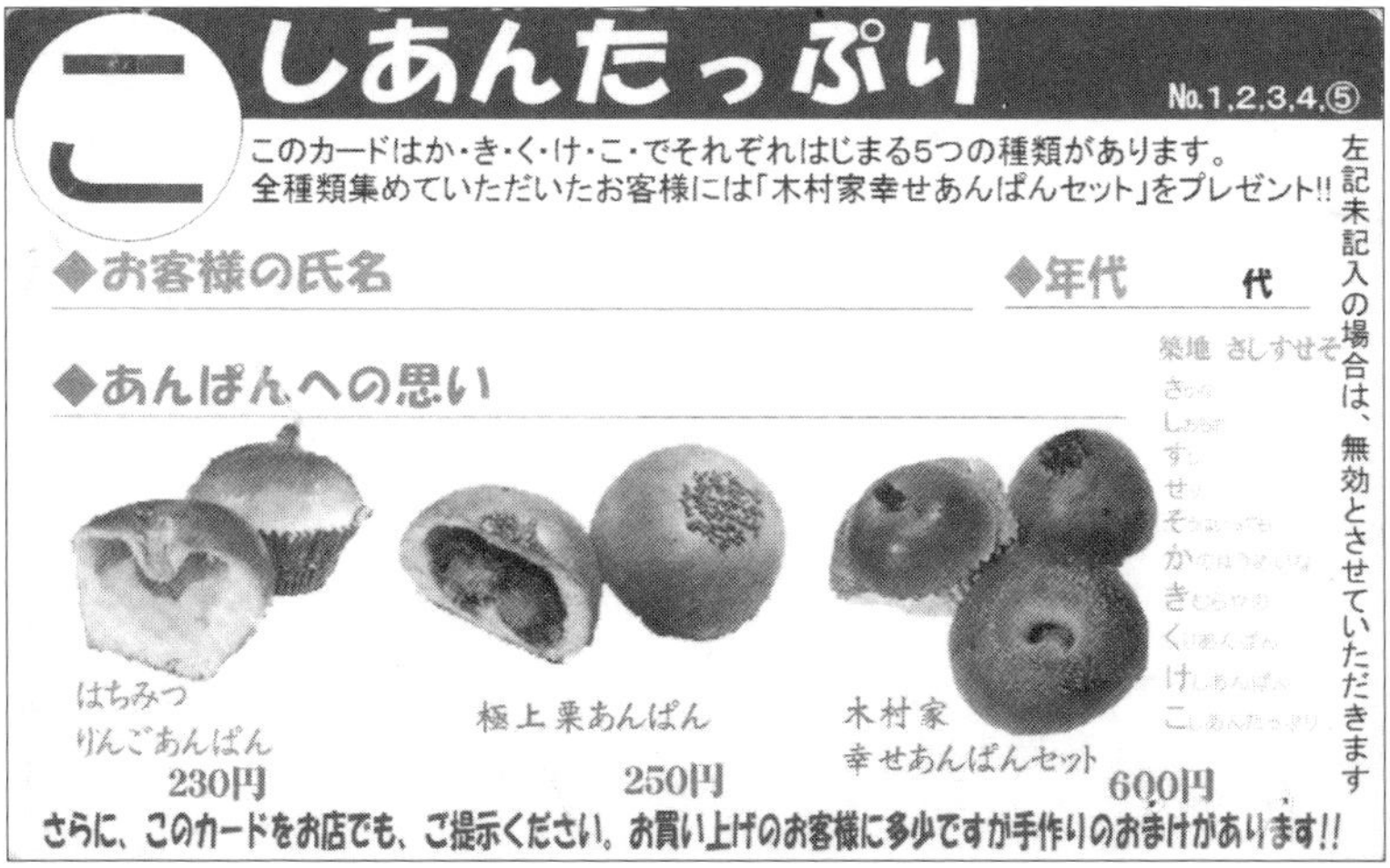

POINT

カードもチラシも同じ販促媒体であり
オンリーNO1PRに最適

❷ まずは一品でインストア・プロモーションをする

木村家のけしあんぱんがカードにまでなった例を見てください（111ページ）。

「当店人気NO1」「あんぱんな幸福5％引カード」「あんぱんで一期一会」「こしあんたっぷり」「あなたのあんぱんへの思い」などの文字から、「たかがあんぱん」が「されどあんぱん」になっているのがわかります。このような状態にするには、まずは店の中、会社の中でプロモーション、販売促進をすることからスタートします。

木村家の社員は全員こしあんが大好きで、いつもみんなで食べ比べたり、お客様の生の声を出し合ってインストア・プロモーションをやっています。

繁盛店は皆、一品を社内一番にするインストア・プロモーションをやっています。左図のプロモーションマップの「㋩→㋥→㋭」にチャレンジしているのです。

プロモーションとは自己主張のことです。自己主張をその制度的、システム的な環境面とその意識的、想い突出的なメンタル面から分析すると、制度面では「自分のクセ→会社の仕組み→自分の仕掛け」と、制度・システムとどう関わるかにも段階があることがわかります。

意識面では「主張なし→インストア→マーケット」とその広がりと充実度でも段階があります。

プロモーションの発展段階は「㋑→㋺→㋩→㋥→㋭」左図のように高まるもので、チラシはそれに大きく関わっています。

- 自分の内向的クセで主張しない㋑
- 会社の仕組みにのって人並に主張する㋺
- 会社の仕組みにのってインストア・プロモーションしていく㋩
- 会社の仕組みと自分の仕掛けが一体化してマーケット・プロモーションへの㋥
- マーケット・プロモーションが自分独自の仕掛けにまでなった㋭

誰でもまずは、一品を社内で一番にするプロモーション、つまり「㋩→㋥→㋭」をチラシでやることが大切です。

意識はマーケットへ、システムは自分の仕掛けへと高めていく

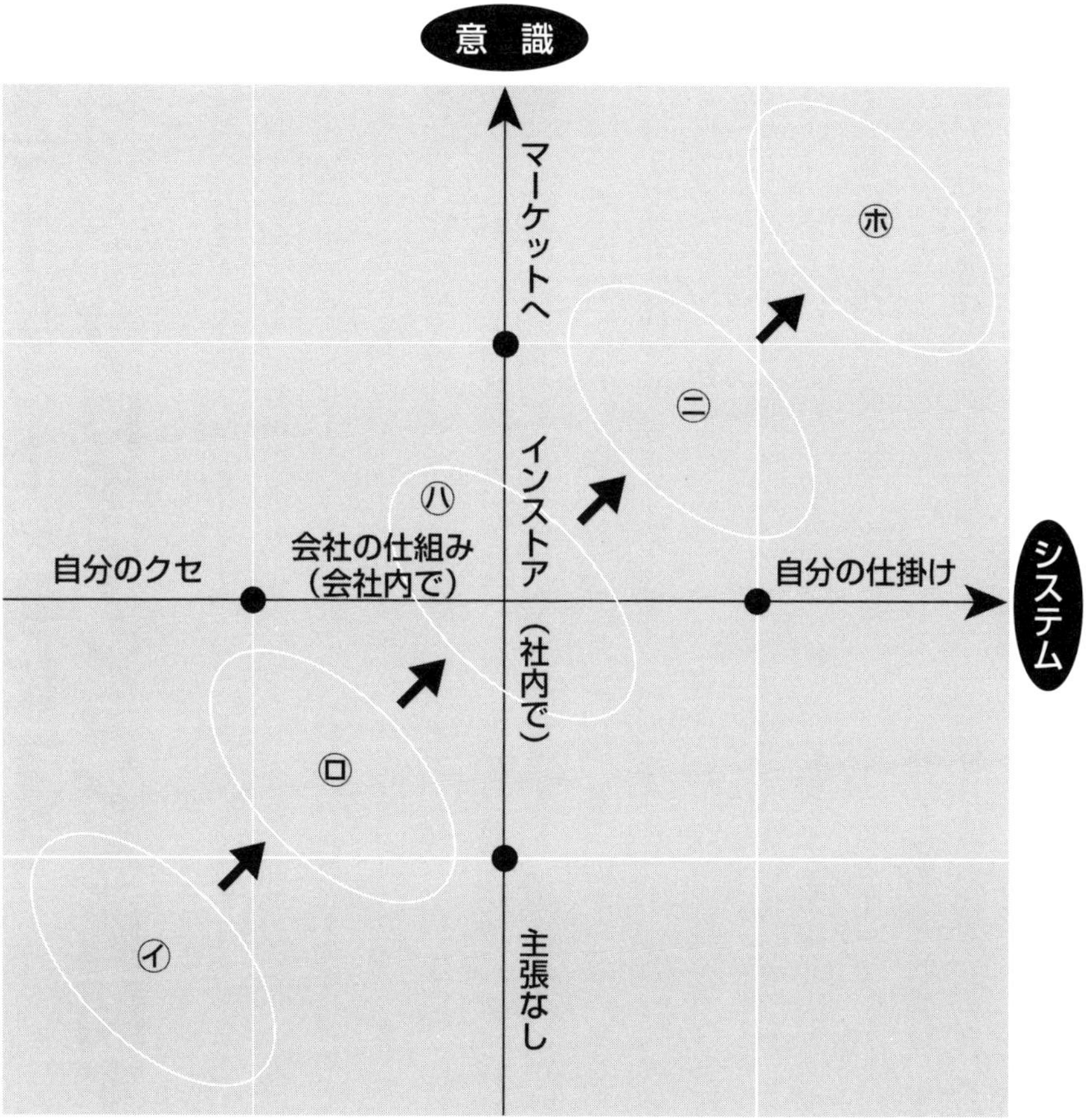

POINT　チラシは「㋩→㊁→㋭」をめざしている

3 一品をマーケット一番にする マーケット・プロモーションを展開する

前ページ図の「㋩→㋥」がインストア・プロモーションからマーケット・プロモーションへの転換であり、チラシを打つことは、その第一歩です。「マーケットに向かって自分の商品で仕掛けをしていくこと」――それを関西で実践している餃子専門店NO1の「チャオチャオ餃子」の餃子チラシ（チラシ15）で見てみましょう。

- **タイトル** 「パリッ！ とジューシー チャオチャオ餃子」とズバリ表している
- **部門PR** 「うまい餃子を創り続けて7周年 餃子は全部で20種以上」と生活メッセージも伝えている
- **単品ラインPR** 裏面の「メニュー一覧」でズバリ伝えきっている
- **単品PR** メニュー一覧の中で20アイテム近くを一つひとつ伝えている
- **グレード** 290円から三都物語980円まで3・5倍の倍率で伝えている
- **個別アイテム** チャオチャオ餃子一枚290円を「お客様のうまい！の声」として13通りも伝えている
- 「この商品をシンボル商品に結実させよう」という思いが特大写真とイラストで表現されている

一品をマーケット一番にするプロモーションを考えたチラシになっています。

このチラシのポイントは「お客様のうまい！13通り」にあります。全客層の（いい）意見をまとめられているのは、日ごろから客の本音の意見を聞き取っているからに他なりません。客の生の意見を聴き取るインストア・プロモーションを、チラシにそっくり生かしているところがすぐれているのです。

「一品をマーケット一番にする」ことをめざしてマーケット・プロモーションをしていくことは、飲食も物販もサービスもすべての業種、業態の戦略なのです。

前図の「㋩→㋥→㋭」、インストアからマーケットへの自己主張は、一品一アイテムでやると思えば別に難しくありません。

チラシ15裏

チラシ15表

POINT

あなたも一品になり切ってマーケットに働きかけよう

4 マーケット・プロモーションの5段階を一段ずつ上る

資本主義社会はマーケット、市場という社会的舞台で正々堂々と戦い、勝負がはっきりつくものです。そのマーケットにどう切り込んでゆくかが販促であり、チラシもそのひとつなのです。

マーケットに切り込んでいくレベルは五つあります。それをわかりやすくまとめたものが左図です。

商売は自分という主体から見て、対象は客と商品の二つしかありません。自分の相手が客であり、その媒介が商品です。

相手は近場の親しい客をスタートにして、遠方の顔見知らぬ客までいます。媒介の商品（の捉え方）は、漠然と捉えている状態から、価値／価格として統一的に捉えている状態まであります。

以上を地として五つの段階・レベルを図として重ねたものが左図です。「独善的プロモーション」から「客層別グレード別プロモーション」までの5段階です。

独善的プロモーション：客のことも商品のこともわからない、独善的な一人よがりの販促・チラシ。

目玉型プロモーション：独善的プロモーションから180度転換して、相手である客の手段になる販促・チラシ。日替わり目玉商品だけのチラシ。

価格帯別プロモーション：目玉商品が多くて低粗利かもしれないが、価格帯別に売上達成した価格帯プロモーションの段階。均一チラシなど。

価値別プロモーション：価格帯別の背景には価値がある、価値別プロモーションのレベル。チラシ16（119ページ）が典型的それで、神戸でトップの「専門食料品店の御影新生堂」のチラシ。

客層別・グレード別プロモーション：価値を束ねたものがグレードであり、そのグレードは客層別に存在する。その客層別グレード別のプロモーションは、究極のプロモーション。

チラシも当然5段階あり、より上位プロモーションのほうが当たります。

プロモーションの5段階

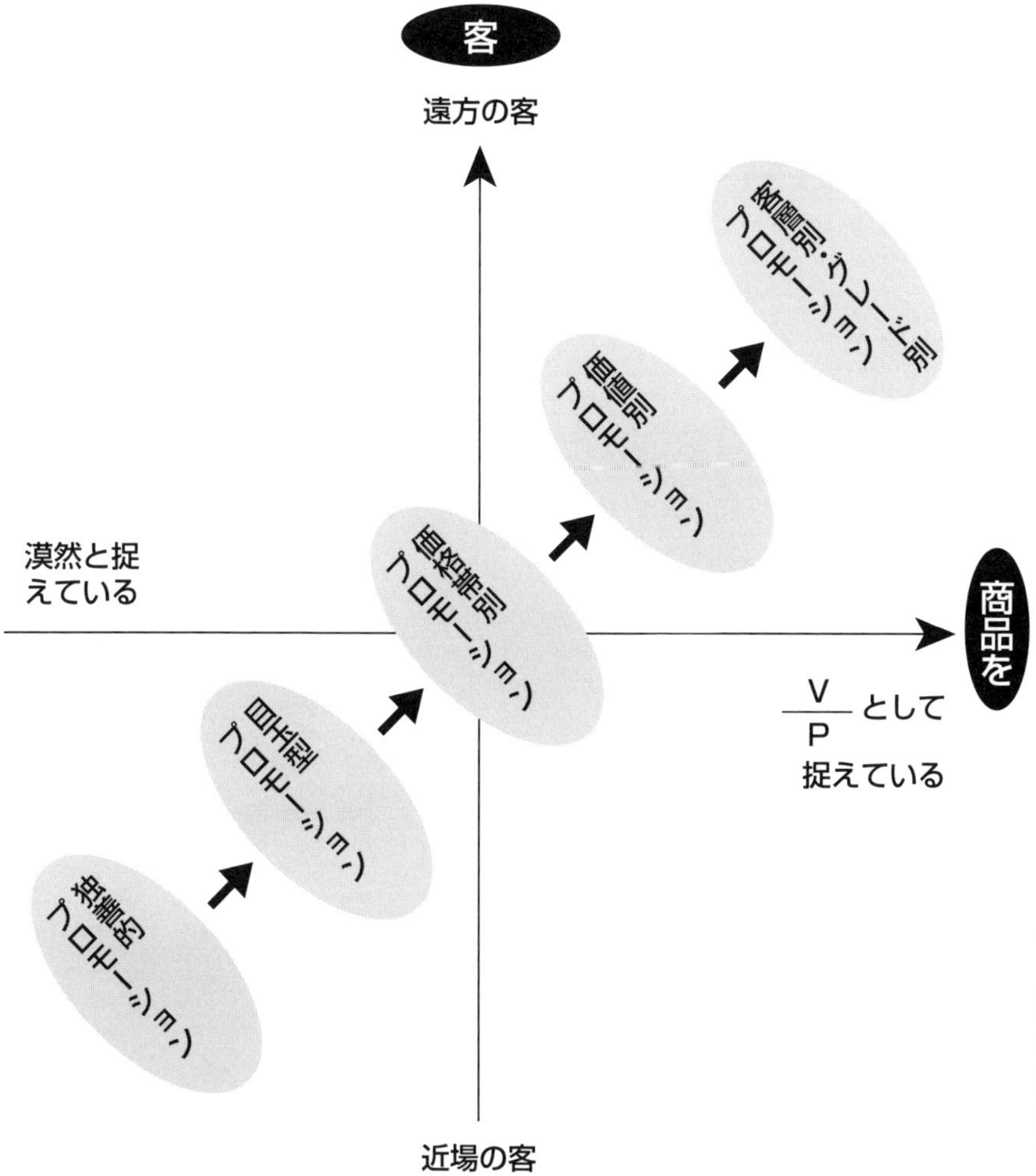

POINT　あなたのチラシはどこにありますか？

無料券
ープン！
全130席
250円
390円
かけご飯・380円
鍋
990円
390円
ット・・・390円
らげ
890円
5/6水まで
190円
ち込みOK！
円で
90円～
42台
22

・こだわりの食品をお探しのあなた！
い！当店が地域No.1の品揃え店です！
あわじ大江のり
淡路に行けば必ず買って帰るという人が多いのがこの大江のり。とにかく分厚っくて味が濃くて旨い！甘辛いこののりにはまる人続出中。お酒のあてにも最適。もう淡路に行く必要はありません。
¥609
丹波産カンナンファームの地卵
世界一の朝食をだすと言われる神戸の超有名ホテル御用達の地卵！丹波産の卵は、小山パティシエも御愛用。もちろん、2階のファミリーダイニング「御影新生堂」でも『だしまき卵』『たまごかけご飯』に使用中。
1個 ¥50
紅茶 ハイブレンド
ついに美味しい紅茶、見つけました！
お茶に魅了された仲間が集まり究極の紅茶を求めてついに会社まで作ってしまったのがル・パレデテ。オタクの集まりなだけにこだわりようはハンパじゃない！！
¥997
100%オリーブオイル
ギリシャ産
125g
パタポニス ¥473
お茶の石鹸を愛用し、今後も浮気はないと思っていましたが、この石鹸の使用感と洗い上がり感にノックアウト！！アレッポは泡立ち成分を添加していますがパタポニスは潔く無添加！！必死にネットで泡立てて下さい。
ッチベーカリー OPEN！
各日限定300斤
甘味を引き出したもので、
上げると,そのままでも美
がります。
をご賞味下さい。
がります。
円
ませんのでご了承下さい。
『Meets』珈琲本掲載の珈琲豆
自家焙煎珈琲豆
6日間限り各300袋
オープン記念価格
200g 900円を450円 半額！
ブラジルTOMIO FUKUDA
オープン記念価格
200g 800円を400円 半額！
トマトケチヤップ
日本テレビの「どっちの料理ショー」で、特選素材に選ばれて以来、注文殺到の人気商品。岐阜県の名産品を扱うお店でも一番人気だそうです。これで作るオムライスは、ほんと最高です。一度お試しあれ。
300ml ¥525
鎌田 だし醤油
あまから手帖で有名料理研究家がお薦めしている天然だし醤油。忙しい朝でも煮物がさっと素早く出来あがります。とにかくすごい売れ行きなので、新たにぽん酢醤油・サラダ醤油・自然派つゆ・さしみ醤油を取り扱い決定！これまた旨い！
500ml ¥458
勝山館ソーセージ
『これこそ50年間、夢にまで見たソーセージだっ！』とマンガでコメントしてました。一般のソーセージは添加物の宝庫ですが（発色剤・合成保存料・化学調味料・結着剤など）勝山館のはちがいます。美味しい無添加ソーセージです。
ピュアプレーン・あらびき ¥452 黒豚100% ¥578
北海道牧家 白いプリン
百貨店での北海道展では開店30分即完売などの記録を持つ、とにかく超人気商品！見た目にも変わっているが、お味ももちもち、プルプルした食感と牛乳の濃厚な風味も初体験かも！？
限定100個 4個入り ¥840
納豆好きのスマップ木村拓哉絶賛！！
小山さんちの炭火納豆
キムタクが『どっちの料理ショー』の特選素材にも登場した小山さんちの納豆を食べて一言、「ほんとテレビぽっくなくてごめんね。旨いと入って黙るよ、やっべー。」と絶賛。すべてが手作りなので一日数百個しかできないため、決してスーパー等には並びません。受注製造で限定販売のため品切れの際は、御容赦下さい。
100g ¥208
赤ちゃんのほっぺ
当店の心意気とプライドがかかる究極のお薦め商品。毎年、収穫・瓶づめを手伝い、ブラインドテースティングで最もおいしい収穫日のものを仕入れさせてもらっています。
600ml ¥714
尾花沢のだしっ
これだけで御飯が進む"和の味"
旬の野菜を細かく刻んで漬け込んだ山形県特有の浅漬け。御飯が止まらなくなるほどの美味しさです。そばや冷や奴にも◎。十和子さんは外食が減り体重も落ちたとか。
250g ¥420
石田ひかりさん熱烈リピート！
大蒜 ビバ・ガーリック
130g ¥980
石田さんが『わたしの人生を変えた』と絶賛するのがこのガーリック。ニンニクを刻み上質のオリーブで煮てます。手・まな板・口に臭いが残らない優れもの。彼女自身、お取り寄せおたくと言うだけあってイケてます。
北海道 さんま丼
「北海道激うまランキング」で絶賛の商品、テレビ放映以来注文殺到で入荷待ちでしたが、やっと入荷しました。スタッフの間でも密かなブーム。サンマ1.5匹分使用。
¥315
ゲランドの塩 1000g ¥735
料理研究家有元葉子さんが10年来使い続けているのがこのゲランドの塩。フランス・ブルターニュゲランドの塩田でつくられる100％自然海塩。甘味とまろやかさのある塩だから、素材の持ち味を引き出してくれる。
500ml
鎌田 だし醤油 ¥458
あまから手帖で有名料理研究家がお薦めしている天然だし醤油。忙しい朝でも煮物がさっと素早く出来あがります。とにかくすごい売れ行きなので、新たにぽん酢醤油・サラダ醤油・自然派つゆを取り扱い決定！これまた旨い！
百貨店限定商品 うまかだし
担当者が社運を賭けてオススメする絶品万能だし！なにを作ってもおいしい！『そうか、わたしの料理はだしに問題があったのか・・・』と錯覚するほど旨い！！
35袋 ¥1980
元祖秋田味噌
あのダウンタウン浜田の奥さん小川菜摘さんが13年間もお取り寄せを、していると言うこだわり味噌。料理人の結城貢先生からいただいたというから、味わいも、もちろGOOD!GOOD!
500g ¥340
もずくセンター もずくスープ
ダイエット実践アイテム！TV番組で取り上げられ、注文が殺到し、数週間待ちになったほど。とにかく多くのスポーツ選手や芸能人がお取り寄せしているという話題の商品。
¥145
ゆずゴマドレッシング
はっきり言って、お取寄せ本より頼りになります。ほんと、口コミ品っておいしいですね。このゆずゴマドレッシング、濃厚な胡麻の香りと濃い味が苦手という方にオススメ。うちの息子御愛用！
300g ¥525
とうとう発見！！ モリサーナ
一般小売は当店が第1号！
パスタの表面がツルツルしているのでソースを吸いにくく、麺が伸びずにアルデンテの状態が長く持続します。食事の後半にパスタソースがからからになることがありません！！
¥315
もりせんの肉みそ
は、挽肉たっぷりで甘辛い、一度食べたらくせになる味。野菜スティクにつけて食べると旨い。
<もりせんの肉みそ> ¥630
薬膳ソース
今、全国の食通が血眼になってさがしているのはこのソースだ！油っこいフライにこのソースは抜群に相性が良い！その名の通りクローブ、八角、ウコン、タイソウなどの漢方を使用したフルーティーなソースです。美味しすぎるから、子供のトンカツには違うソースかけときや。
300ml ¥525
ひじきごはん
50g ¥315
生クリームサンド
この手の洋菓子は色々食べたけど、しっとりしたパンケーキ、コクのある生クリーム、文句なしに最高！毎月1000個以上売れる超人気商品！"お友達に教えてあげたい"まさにお取り寄せの王道です。売り切れの際はご了承下さい。
¥187
丸八製茶場 献上加賀棒茶
昭和天皇に献上された茎のほうじ茶
お取り寄せガイドに掲載！！
モンサンクレールのオーナー辻口博啓さんや渡辺満里奈さんのお取り寄せ商品。お茶の葉ではなく茎を原料としたほうじ茶です。
¥630
ユーサイドごまドレッシング
330ml ¥714
イゲタ特級醤油
料理研究家有元葉子さんが30年以上リピートし続けているお醤油がこれ。有元さんいわく「香りが高く、後味がすっきりしているのが魅力です。もう30年以上使っている、我が家に欠かせない調味料です。」との事。高くて旨い醤油は色々あるが、この価格で料理研究家をうならせる、最もお買得なお醤油。
1l ¥418
松山あげ ¥140
手抜きして美味しいって理想やね。これに出会った時は目からウロコでした。油抜き不要で欲しい分だけパラパラとお鍋に入れるだけ！発売後、即当店の定番商品の仲間入りをはたしたユニーク商品です。
生ハム切り落とし
年末年始なにかと重宝する生ハム。しかも切り落としなので格安！御解お得に使ってリッチな食卓に。
140g ¥459
ポロショコラ
上沼恵美子さんの「今夜はえみ～GO!!」でも絶賛！！高純度チョコレートケーキをかまど焼き風に仕上げた本格チョコレートケーキ。
¥350
雲仙きのこ本舗 養生にゅう麺
言わずと知れた「お取り寄せの定番！」当店スタッフも取り扱う前は、お取り寄せしてたほど。
92g ¥298
うす家の冷凍うどん
今、個人的にはまっているのがうす家の冷凍うどん。このうどん、とにかく味があるのです。素うどんでも、ほんとおいしく食べられます。それもそのはずうす家の手延べうどんは小麦粉を100％使用し、腰をカタくするツナギは一切使用していないとの事。このうす家のうどん調べてみると、どっちの料理ショーやたかじんの番組でも取り上げられけっこう有名らしい。一度お試しあれ。
2個入り ¥691
山田製油のゴマ油＆ごまラー油
どっちの料理ショーでも、特選素材として取り上げられた逸品。香りが香ばしくて、こくのある『ごま油』は、チャーハンや炒め物の仕上げに使うと、プロの味に。『ごまラー油』は、八角などの香辛料が入っていて、香り高い。これで、餃子を食べると100円餃子もプロの味に。
¥525
ちり酢一番
ついにあの旭ポン酢を超えるポン酢を発見！ポン酢おたくのホームページで58アイテム中2位に輝いた高級ポン酢。500円以下のポン酢の中ではダントツの85点！あの旭ポン酢ですら83点だったでした。スタッフ全員この味に大満足！オススメです！
360ml ¥448
つぶれ梅 550g ¥1029
今、当店でバカ売れのつぶれ梅。とにかく一度食べてもらいたい！百貨店で3000円程で売られているだけに味には自信アリ！絶対はまります。スーパーでは絶対買えない梅干です。
115g
杏仁豆腐 ¥294
個人的に紀ノ国屋で『お取り寄せ』してました。この類いのモノって当たりはずれが激しいから買うのに勇気がいるけど、高級中華料理店のデザートに出てきても、あたしゃ一大満足。

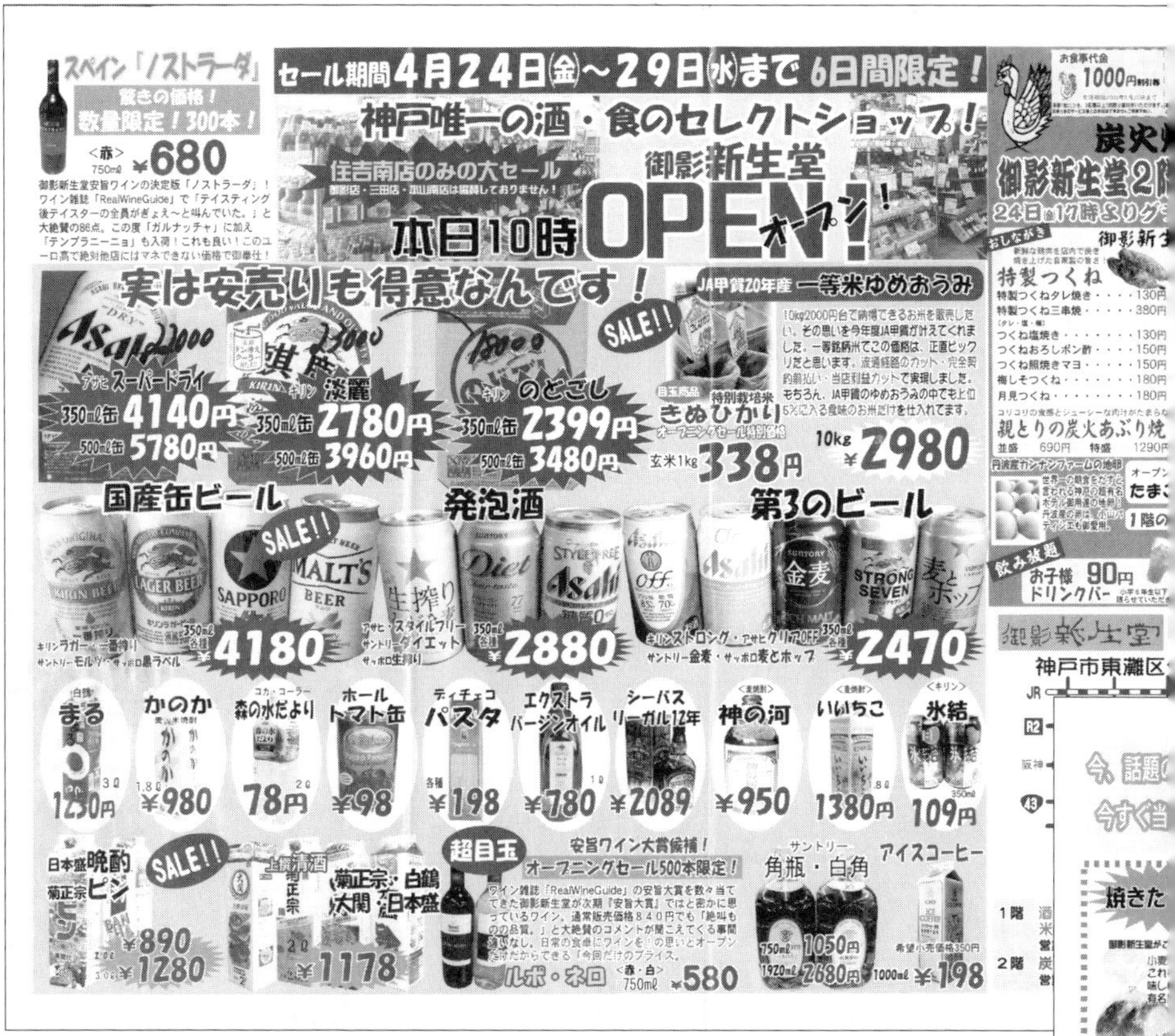
スペイン「ノストラーダ」
驚きの価格！
数量限定！300本！
＜赤＞
750ml ¥680
セール期間4月24日㈮～29日㈬まで 6日間限定！
神戸唯一の酒・食のセレクトショップ！
住吉南店のみの大セール
御影新生堂
本日10時
OPEN！
オープン！
実は安売りも得意なんです！
SALE!!
JA甲賀20年産 一等米ゆめおうみ
アサヒ スーパードライ
350ml缶 4140円
500ml缶 5780円
キリン 淡麗
350ml缶 2780円
500ml缶 3960円
キリン のどごし
350ml缶 2399円
500ml缶 3480円
きぬひかり
玄米1kg 338円
10kg ¥2980
国産缶ビール
発泡酒
第3のビール
4180
2880
2470
まる
かのか
森の水だより
ホール トマト缶
パスタ
エクストラ バージンオイル
シーバス リーガル12年
神の河
いいちこ
氷結
¥980
78円
¥98
¥198
¥780
¥2089
¥950
1380円
109円
日本盛晩酌
菊正宗ピン
¥890
¥1280
菊正宗・白鶴
大関・日本盛
¥1178
超目玉
安旨ワイン大賞候補！
オープニングセール500本限定！
ルボ・ネロ
＜赤・白＞
750ml ¥580
サントリー
角瓶・白角
1050円
2680円
アイスコーヒー
1000ml ¥198
御影新生堂2階
特製つくね
親とりの炭火あぶり焼
お子様 90円
ドリンクバー
神戸市東灘区
1階
2階

チラシ16

5 客層別・グレード別プロモーションでマーケットシェアをとる

プロモーションの最高段階「客層別・グレード別プロモーション」は、一単品ですべての客層の支持を得、その単品のマーケットシェア26%以上をめざす最高のプロモーションです。

つまり、**一単品で客層別グレード別のすべての客をとることを狙ったプロモーションです。**具体的には、**単品のSE、下、中、上グレードを押さえて全客層を押さえ込むプロモーション**を展開します。

チラシ17は「いちごCLUB」の手作りエプロンのそれです。

- **SE**　「水玉のカジュアル巻きエプロン　2940円」
- **下グレード**　「綿麻のダーツストレートエプロン　3675円」「VネックのAラインエプロン　4410円」
- **中グレード**　6195円　「ローズ綿麻の胸当て付エプロン」「麻チェックのVネックエプロン」「ローズプリントのガーデニングエプロン　5880円」
- **上グレード**　10290円～15750円まで充実している

明るいシンプルなフレアエプロン、ドレスエプロン、ガーデニングエプロンでかわいらしさを。プリンセスライン花柄とローズ刺繍のホルターネックエプロンで大人の女らしさを。二重のスカラップエプロンでシャープな上品さを、それぞれ客層を意図して提案されています。

まさに「客層別・グレード別チラシ」のモデル中のモデルのチラシといえます。

- 客のすべてを知っている
- 中・上グレードで、客層をセンスごとにしっかりと捉えている
- 手作りSEは2400円、中心価格は6800円と、働いている人ならば十分買えるプライスになっている

食品だろうが衣料品だろうがなんであれ、超専門店商法とは、この「客層別グレード別プロモーション」のことなのです。

あなたにぴったりのエプロンとコットン生地が必ず見つかるお店　200種類のエプロンと1000種の生地の品揃えのある店
いわき泉の「いちごCLUB」へ一度お越し下さい
私達が納得した生地を仕入、1つ1つ縫製しています
YUWA社の生地を使った肩づれしない手作りエプロンが200種類常中
彩色がとても綺麗なYUWA社を中心に1,000種の生地の品揃え
店内の生地をお選び頂いてお好きなデザインとサイズでお作りするセミオーダーも可能です！
＊いちごクラブはこんなお店です＊
2階工房で縫製した200種のエプロンを1階ショップで販売中
いちごクラブは今から１７年前に７坪の小さな小さなお店からスタートしました。
みんな仲がよくて楽しかった中学生の頃のクラブ活動のように、楽しくて暖かい雰囲気のお店にしたくて、「１５歳」と「クラブ活動」からお店の名前を「いちごCLUB」と付けました。
オープンして以来ずっと、良質の布地と材料にこだわり、エプロンを中心にバッグや小物などのコットン製品をひとつひとつ丁寧に作っています。
「布のぬくもりを感じられるやさしい肌触りのコットンを使って、使い心地がよく、長く大切に使い続けられるもの」を目標に作り続けています。
店主　三戸　三喜子
いちごの手作りエプロンの特徴
ＹＵ－WA（ユーワ）社の他ではちょっと出せない華のあるコットン生地を主に使用し、三戸　由貴がデザインしパターンをおこして作成するここにしかないエプロンが魅力です。デザインは独自のスリットを入れ動きやすいのはもちろん、布地のしなやかさを生かした華のあるデザイン、縫製がしっかりしているのが特徴。肩づれしないとお客様に言っていただいています。10年使っているお客様も多数いらっしゃいます。エプロンは１枚2,400円よりあり、中心価格は6,800円。他のお店のエプロンと比べると高いイメージがあるお店ですが、生地と縫製の良さからくる着ごこちの良さとまわりを華やかにする独自の雰囲気をもついちごのエプロンは一度使ったら手放せなくなるお客様が多くいらっしゃいます。
手作りエプロンとコットン生地の店
いちごCLUB
〒971-8182
福島県いわき市泉町滝尻字神力前51-1
TEL.0246-96-6515
営業時間　10:00～19:00
定休日　月曜日・第3日曜日　駐車場完備
泉トンネル
至平
G.Sさん
マルトさん
デニーズさん
旧R6
6号バイパス
いちごCLUB
幸楽苑さん
小名浜電村さん
カワチさん
ローソンさん
至勿来
5%割引券
キリトリ
（エプロンのみ割引、他券併用不可）
無期限１回のみ有効
手作りエプロンとコットンの店
いちごCLUB

チラシ17

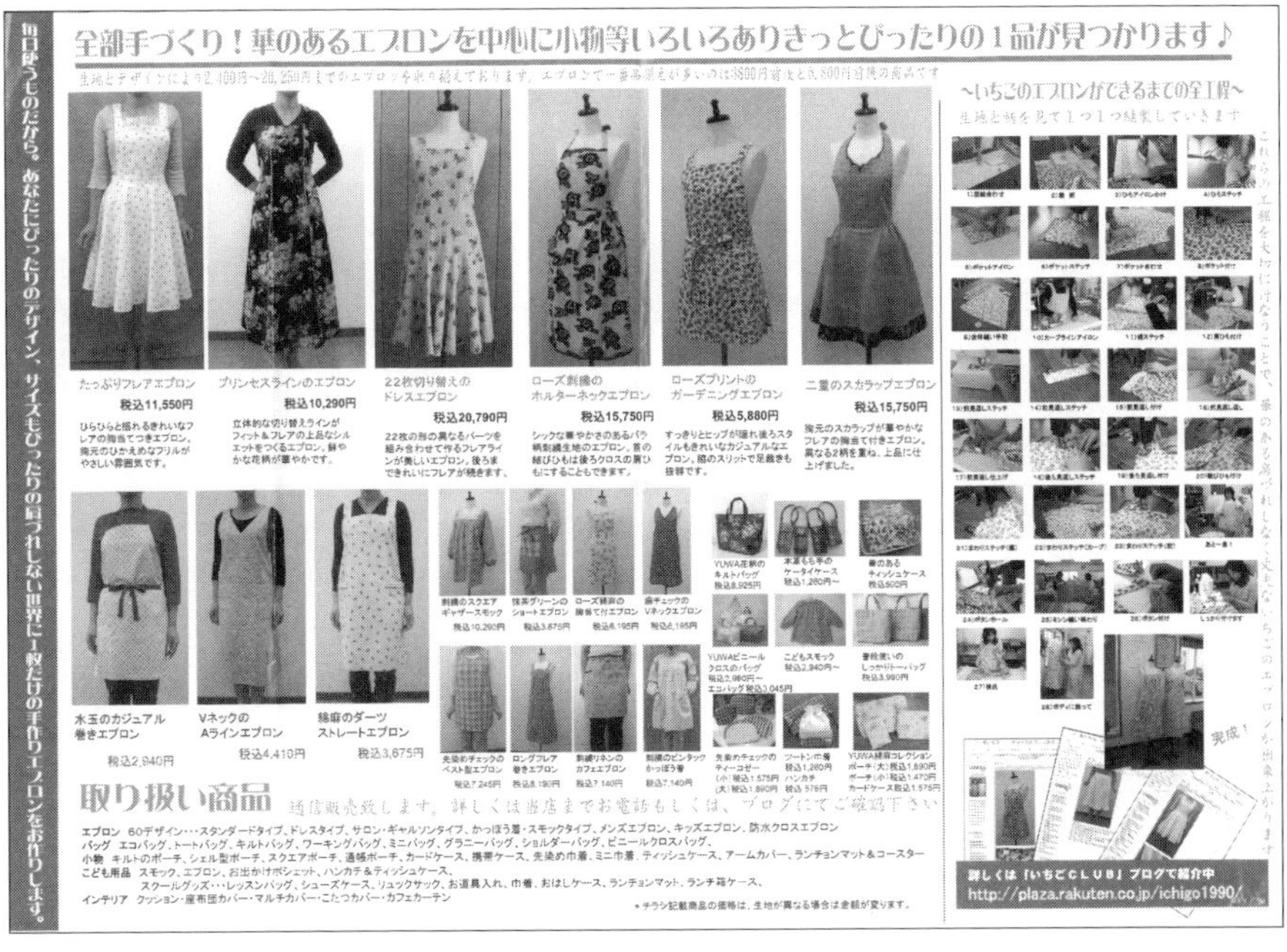
全部手づくり！華のあるエプロンを中心に小物等いろいろありきっとぴったりの１品が見つかります♪
毎日使うものだから。あなたにぴったりのデザイン、サイズもぴったりの肩づれしない世界に1枚だけの手作りエプロンをお作りします。
たっぷりフレアエプロン
税込11,550円
ひらひらと揺れるきれいなフレアの胸当てつきエプロン。胸元のひかえめなフリルがやさしい雰囲気です。
プリンセスラインのエプロン
税込10,290円
立体的な切り替えラインがフィット＆フレアの上品なシルエットをつくるエプロン。鮮やかな花柄が華やかです。
22枚切り替えのドレスエプロン
税込20,790円
22枚の形の異なるパーツを組み合わせて作るフレアラインが美しいエプロン。後ろまできれいにフレアが続きます。
ローズ刺繍のホルターネックエプロン
税込15,750円
シックな華やかさのあるバラ柄刺繍生地のエプロン。首の結びひもは後ろクロスの肩ひもにすることもできます。
ローズプリントのガーデニングエプロン
税込5,880円
すっきりとヒップが隠れ後ろスタイルもきれいなカジュアルなエプロン。脇のスリットで足捌きも抜群です。
二重のスカラップエプロン
税込15,750円
胸元のスカラップが華やかなフレアの胸当て付きエプロン。異なる2柄を重ね、上品に仕上げました。
水玉のカジュアル巻きエプロン
税込2,940円
Vネックの Aラインエプロン
税込4,410円
綿麻のダーツストレートエプロン
税込3,675円
先染めチェックのベスト型エプロン
税込7,245円
ロングフレア巻きエプロン
税込8,190円
刺繍リネンのカフェエプロン
税込7,140円
刺繍のピンタックかっぽう着
税込7,140円
YUWA花柄のキルトバッグ
税込8,925円
本革もち手のケータイケース
税込1,260円～
華のあるティッシュケース
税込500円
こどもスモック
税込2,940円～
しっかりトートバッグ
税込3,990円
先染めチェックのティーコゼー
(小)税込1,575円
(大)税込1,890円
ソートン巾着
税込1,260円
ハンカチ
税込575円
YUWA綿麻コレクション
ポーチ(大)税込1,890円
ポーチ(小)税込1,470円
カードケース税込1,575円
～いちごのエプロンができるまでの全工程～
完成！
取り扱い商品　通信販売致します。詳しくは当店までお電話もしくは、ブログにてご確認下さい
エプロン　60デザイン…スタンダードタイプ、ドレスタイプ、サロン・ギャルソンタイプ、かっぽう着・スモックタイプ、メンズエプロン、キッズエプロン、防水クロスエプロン
バッグ　エコバッグ、トートバッグ、キルトバッグ、ワーキングバッグ、ミニバッグ、グラニーバッグ、ショルダーバッグ、ビニールクロスバッグ、
小物　キルトのポーチ、シェル型ポーチ、スクエアポーチ、通帳ポーチ、カードケース、携帯ケース、先染め巾着、ミニ巾着、ティッシュケース、アームカバー、ランチョンマット＆コースター
こども用品　スモック、エプロン、お出かけポシェット、ハンカチ＆ティッシュケース、
スクールグッズ…レッスンバッグ、シューズケース、リュックサック、お道具入れ、巾着、おはしケース、ランチョンマット、ランチ箱ケース、
インテリア　クッション・座布団カバー・マルチカバー・こたつカバー・カフェカーテン
＊チラシ記載商品の価格は、生地が異なる場合は金額が変ります。
詳しくは「いちごCLUB」ブログで紹介中
http://plaza.rakuten.co.jp/ichigo1990/

6 一品集約客を広く深く育て上げるチラシ販促にチャレンジする

チラシ18ホームテックのチラシをまず見てください。「客層別グレード別プロモーション」からさらに発展して、一品・単品にこだわっているのがこのチラシの特徴で、一品集約客を広く深く育て上げるチラシ販促にチャレンジしている例です。細かく見ていきましょう。

- システムキッチン、商品＋標準工事＋経費＋消費税で49・3万円が「比べてください！ NO1ロープライス49・3万円」「使いやすさで選ぶなら」がSEとして自信にあふれた訴求となっている
- 「収納で選ぶなら」62・0万円、72・2万円、72・6万円の3アイテムが下グレードとして充実し、客としても嬉しい。「使いやすさで選ぶなら」71・7万円、73・5万円も充実の標準工事付の下グレード。さらに「操作性で選ぶなら」76・0万円も揃い、いたれりつくせりの下グレードの充実には完璧を期している
- 中グレードとして「掃除しやすさで選ぶなら」85・1万円で面倒なフィルターの自動洗浄を訴求している

SE1、下グレード6、中グレード1アイテムが載っている一品・単品こだわりチラシであることがご理解いただけると思います。

同様のことが「浴室リフォーム」にもいえます。

- 客層を明確に意識して、購買用途「収納」「使いやすさ」「掃除しやすさ」「操作性」が客層になっている
- その用途・客層とグレードをからめてバランスよく配置して、客が選びやすいように仕掛けている
- SEと下グレードの充実により、競合対策上もすきがない

「客層別にグレードを考えた」プロモーションとは必然的に、一品・単品にこだわったチラシとなるので、客は選びやすく、競合店に比べて強いチラシにもなります。

商品担当者、チラシ責任者が一品・単品になりきって迫力とやる気がにじみ出たすばらしい当たるチラシになっていきます。

リフォームプライスが世田谷等々力にオープン!!
ご相談、お見積受付開始!!
「リフォームプライス」はホームテックの新しいリフォームショップのブランドです。
2008年施工実績 4,105件
リフォームプライスはリフォームの知りたいことがわかるお店です。
ホームページはヤフー、グーグルも リフォームのホームテック 検索で!! (www.hometech.co.jp)
水廻り・増改築リフォームの総合ショップ
リフォームプライス（世田谷・八王子 多摩・町田・立川）
キッチンビッグバザール
4/11(土)～5/8(金) リフォームプライス各店にて
こんなあなたのためのバザールです。各メーカーごとにさまざまなキッチンが発売されている中で何が自分に合ったものかが決められない…リフォームプライスなら必ず決め手が見つかります。
見て触れて納得!…その違いを比べて下さい。
バザール開催中だけのご成約特典!
INAX「各シリーズ」
ヤマハ「ベリー」
クリナップ「ラクエラ」
サンウェーブ「Pitto」
ノーリツ「ベステ」
TOTO「スタイルF」
タカラスタンダード「各シリーズ」
ミカド「各シリーズ」
5万円OFF!
53%OFFへ
51%OFFへ
収納で選ぶなら。
操作性で選ぶなら。
使いやすさで選ぶなら。
浴室リフォーム
すべての価格には商品+標準工事+経費+消費税が含まれています
給湯器同時交換おススメします!
戸建用システムバス
マンション用システムバス
使いやすさで選ぶなら。
シンプルデザインで選ぶなら。
ゆったり広さで選ぶなら。
マンションでも広がるお風呂。
らくらくお掃除機能で、おふろ掃除の悩みを解消します。
浴槽の清掃が楽!!
排水口の掃除が楽!!
床の掃除が楽!!
外壁リフォーム博
塗装・サイディング・タイルの外壁リフォームのプロ大集合!!必見です!!
外壁のどんなことでもその場で答える相談会開催!
ここまでやるから博覧会です
日本ペイントによる「外壁診断」を実施!
外壁テイスト(好み)診断!
外観ビフォーアフター
今週11(土)・12(日)は世田谷店で開催です!
給湯器
急な故障でも即日お湯が使えます!!
世田谷、目黒のリフォームは私たちプロにお任せ下さい!
リフォームプライス世田谷 相談・見積受付中!
ショールーム完成は5月中旬!
リフォームプライス八王子、リフォームプライス多摩の地図は、うら面にあります。
地域密着のリフォーム会社です。(地図は裏面)
2世帯住宅リフォームはウラ面をご覧下さい
リフォームプライス 世田谷 八王子 多摩 町田店 立川店
ホームテック株式会社
0120-89-1802
http://www.hometech.co.jp
職人さん大募集!!多摩エリアで仕事可能な方、全職種 詳しくは 042-356-8901 担当:佐々木

チラシ18

7 一品にこだわって自分自身を発見する

「一品でマーケット一番をめざすマーケット・プロモーション」を餃子で探求しているチャオチャオ餃子の店長達は次のように言います。

「餃子って奥深い」「餃子にこだわることで自分を見直しました」「餃子を通してお客様に教わることばかり」「マーケット・プロモーションの価値のプロモーション」を第一にしている新生堂の江田社長は、価値にこだわることを次のように表現しています。

「一品一品雑誌情報、お客様情報、TV情報、ネット情報から商品を発掘して産地にも行って、育て上げていきます」「なぜ、この一品に自分がこだわって仕入れて売っているのかを通して、自分のフェチさの発見にもつながっておもしろいです」

「一品集約客を広く深く育て上げるチラシ販促」にチャレンジしているホームテックの高橋社長、石原部長は関東リフォーム会社の伸び率NO1で、年商35億円にまで成長させてきて次のように言います。

「システムキッチンとLDKリフォームは日本一こだわっています。お客様の深層心理にまでわけいって、売り方の研究をしてきました」「もちろん、風呂のリフォーム、トイレのリフォームといった水まわりリフォームは商品価値の細かいところまで分析して地域一番になりました」

一品、単品にこだわり、マーケット一番になった経営者、店長、担当者は、商品を通して自己発見、自己成長してきたことを共通的に語っています。

いわば、一品で自分の「三つ子の魂」を発見するのが幸せというレベルに達していると言えるでしょう。その三つ子の魂発見段階は先のプロモーション発展の5段階と照応しています。

子供のときのままでひたすら独善的な段階から、一人ひとり、一品一品と関わって、自分の三つ子の魂にもとづいたオンリーNO1バリューの確立までレベルアップしていくのです。

自己成長の段階はプロモーション発展の５段階と照応する

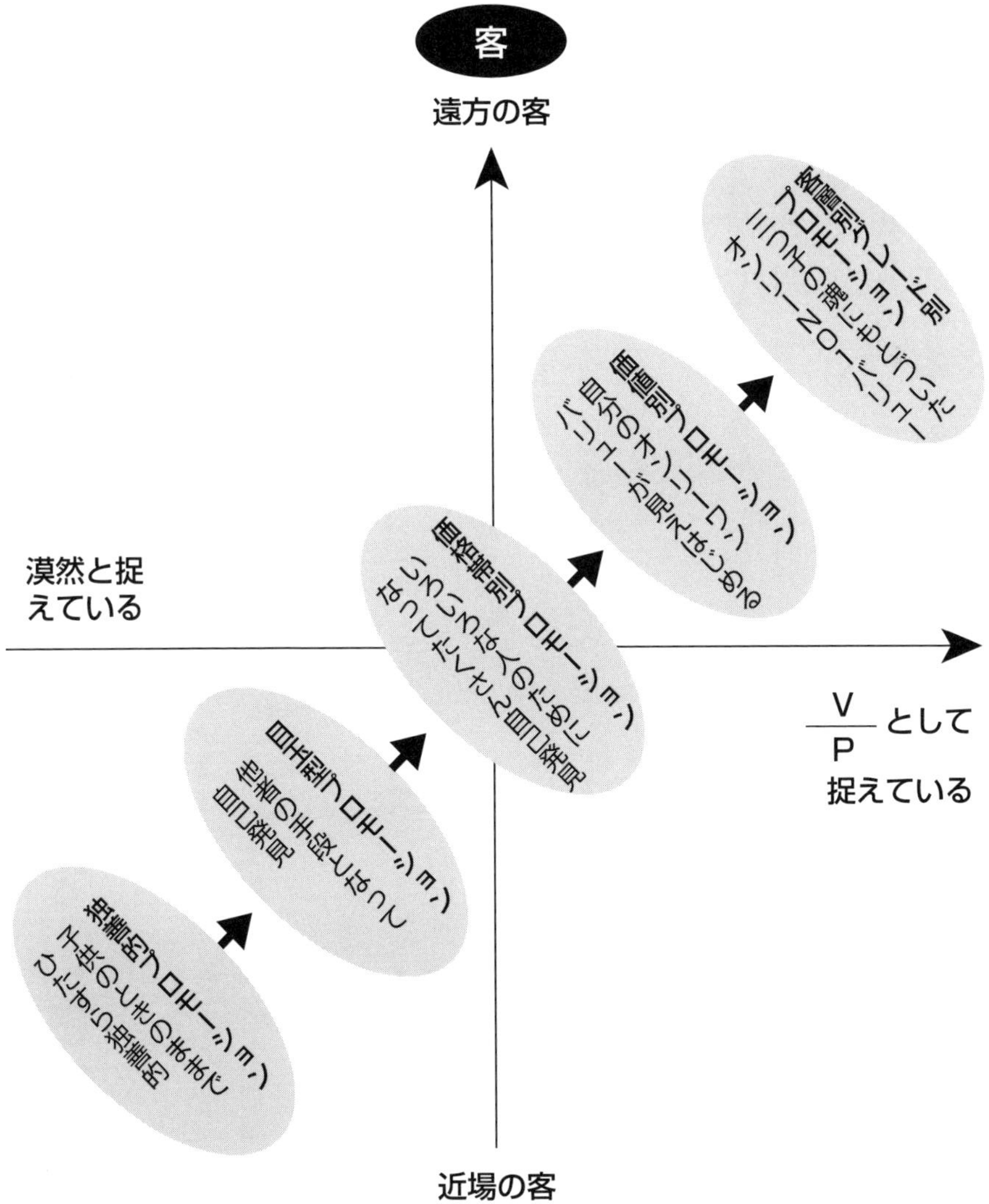

POINT　一品であなたの「三つ子の魂」を発見しよう

8 シンボル商品で新しい客層を引きつける

最初は低レベルなチラシであったとしても、商品中心の自己主張をしていくことでレベルアップしていきます。チラシのレベルを見ていきましょう。

独善的自己中心チラシ：独善的なプロモーションレベルで、とにかくなんにもわからずチラシを打ってみたスタート時のチラシに多いものです。

目玉的客中心チラシ：自分の商品粗利率を削って他店より安くして客を呼ぶ「目玉商品中心」のチラシです。多くの目玉的商品、つまり価格帯別に目玉商品をくくって訴求するチラシ、大半のチラシがこのレベルにあります。皆さんのまわりでもいつも見かけることでしょう。

単品・単品ラインを訴求しているチラシ：価格の背後の価値を掘り下げて、価値別、つまりグレード別に訴求するチラシ。専門店のチラシに多いと言えます。

客層別・グレード別のチラシ：「シンボル商品で新しい客層を引きつける」ことにつながっていくチラシ。

「独善→目玉→目玉の集合→価値の集合→ズバリ価値」の訴求と発展してきたわけです。

さて、客層別・グレード別商品訴求のチラシがどうしてシンボル商品の訴求になるのでしょうか？

客層別・グレード別商品展開チラシはやたらと商品が増えていくというイメージになりやすいのですが、そうではありません。

本書の例では、くじらやのカレー、木村家のけしあん、ホームテックのシステムキッチン、のざきのリナグリーン等は、野球のイチロー、演歌の美空ひばりにも似た一品で、すべての客層を引きつけるシンボル商品と言えます。すべての客層にフィットするだけの汎用的価値を持つまでに育て上げられたからなのです。

逆の言い方をすれば、今の世の中にはあまりにも商品が多すぎるのです。

チラシを通して、一品ですべての客層のあるグレードを満たす、シンボル商品を探せということなのです。

チラシのレベルを上げ、より多くの客を獲得する

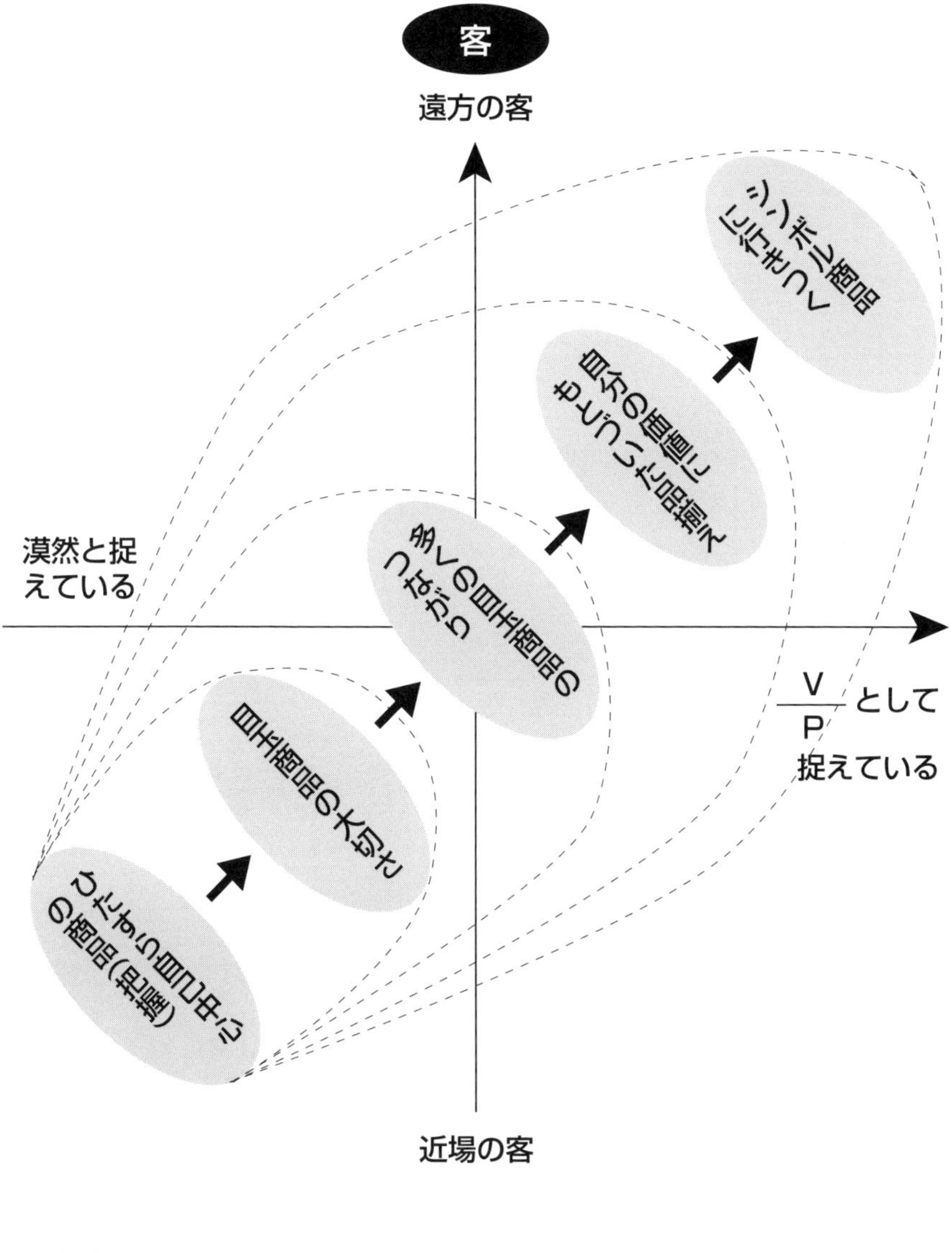

POINT
（破線の楕円）の広がりは客の広がり。あなたのシンボル商品の広がりは？

7章

チラシで新しい客層を引きつけよう

1 チラシ全商品の売上数を押さえてSEを充実させる

日本全国で、あらゆる業種の販促・チラシ指導をしていて一番気になることが、「チラシ全商品の売上数を捉える」ことをやっていない企業・店が大半であるという事実です。

まず、チラシ有効期間3日間のチラシ掲載商品の売れ個数を記録してください。その売れ個数を、チラシの上に書き込んでください。書き込んだチラシを台帳にして、あれこれ関係者で討議するのです。

私のおつき合い先は、チラシを打ったら必ずこの反省をきちんと行っています。反省するうちに、左図のフローチャートが見えてきます。

①単品別に売上数を捉える

②「売れた＝集客できた＝当たった単品」「はずれた単品」「読み通りの単品」の3グループぐらいにわける

③SEアイテムがチラシに確実にあるか否かを見る

SEがなければ、絶対に作ってください。SEがあれば、あとは下・中・上グレードの充実度合いにかかっています。

チラシ19の「うみの自転車チラシ」（132ページ）を見てください。チラシ5「うみの」（49ページ）の自転車チラシと比較してみましょう。

チラシ5はSEで7600円、8980円、9800円をこれでもかと6アイテムも訴求しています。チラシ19のほうが動きがあってデザイン的にはいいのですが、最下限アイテムは11800円の2アイテムだけで、下グレードの迫力が不足して少しはずれてしまいました。

チラシを作成した尾崎店長も言いました。

「SEをはしょってしまったのが気になっていたけど、集客にかなり影響することがよくわかりました。デザイン的にはダイナミックでいいので、次回はSEをきちんと載せます」と。

チラシには、常に新しい客層を引きつける役目があります。新しい客層を引きつけるためには、結果を検証してSEを充実させることが欠かせません。

チラシを打ったら必ず効果を測定する

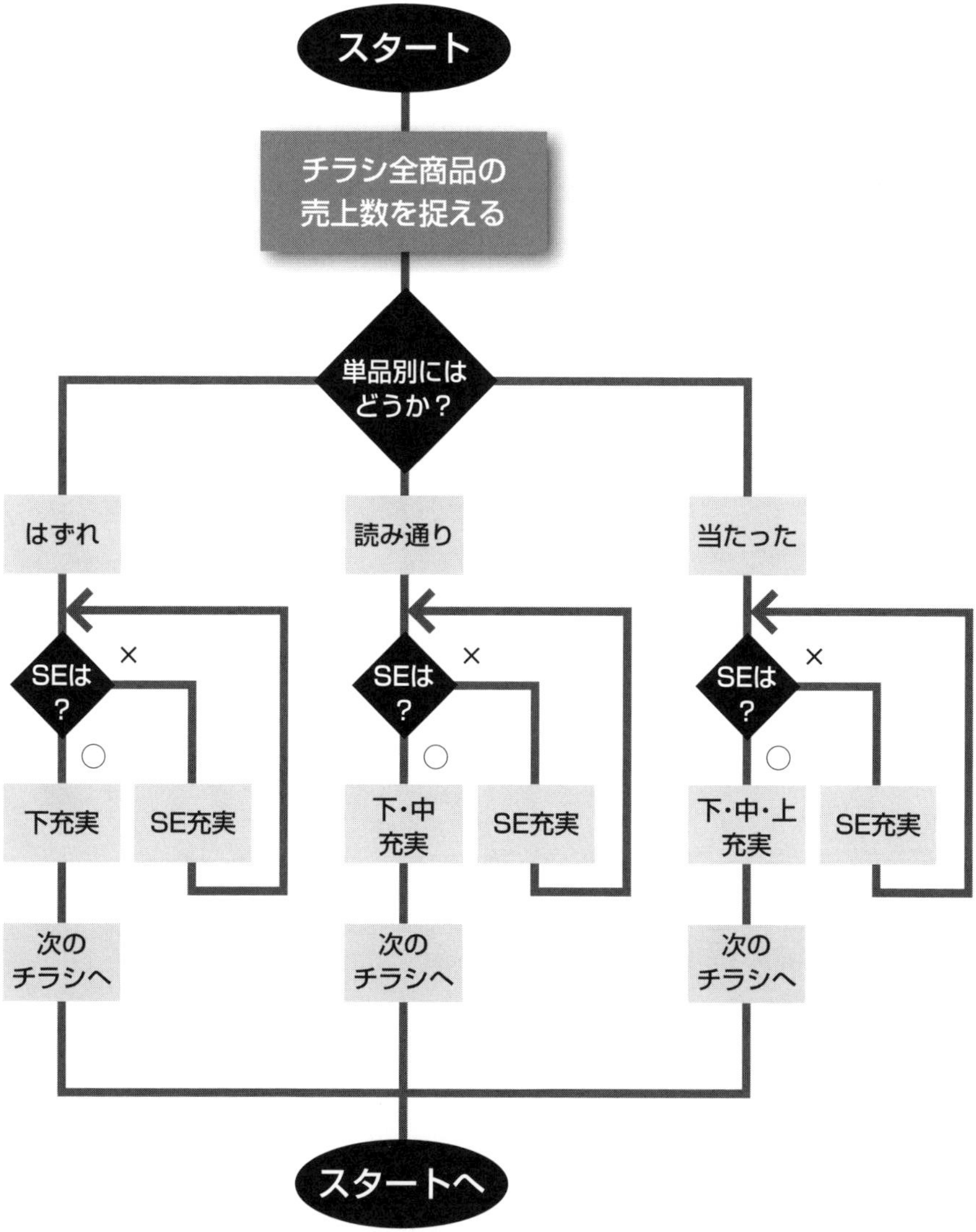

POINT
チラシの売上個数を捉えることがSEの大切さに行き着く

クーポン券
大切なお子様の頭を守る！
ヘルメット各種。
10%off!!
幼児さん～大人用まで使えます！
うみのマルごと補償！
①2年間の盗難補償！②1年間の傷害・賠償責任補償！
③義務付けの防犯登録付！④修理代も5%OFFになる！
更に!!お守りカードもプレゼント！
全店共通企画
アイのり価格
2台まとめて 3%引き
3台以上で 4%引き
5台以上は 5%引き
安い婦人車はコレッ！
フラットハンドルはコレッ！
この価格でBRIDGESTONE！
15,800円
15,800円
19,500円
スマッシュウミノ！Cityモデル
26,000円
MIYATA うみのオススメ「オリーブSP」
39,800円
BRIDGESTONE エレガントボーテ
35,900円
MIYATA シェリー
44,000円
BRIDGESTONE Bigタフ
44,900円
BRIDGESTONE マークローサ
34,100円
Relaxy Bike マリポーサ Curva
47,600円
53,000円
Relaxy Bike マリポーサ mini
50,300円
55,700円
Corratec SHARE WAVE3
69,000円
ANCHORスポーツ
76,000円
Re:turn
39,800円
GIANT エスケープR3
44,900円
2009モデル
GIANTグラビドR3
56,700円
LOUISGARNEAU
46,350円
ANCHORマウンテン
69,200円
SCHWINNフロンティア
45,400円
GIANT DEFY3
78,000円
2009モデル
Corratec CORONES3
180,000円
2009モデル
今一番新商品が多いアシスト車!!
試乗OK！
BRIDGESTONE NEW Assistaライト
83,800円
BRIDGESTONE 新モデル
97,800円
Panasonic NEW ViVi ss
82,800円
Panasonic A.girl's
103,000円
Relaxy Bikeアシスタ
97,800円
BRIDGESTONE Assistaスーパー
115,800円
Panasonic ハリヤー
本店のみ
¥店頭発表！
どんどん修理させて下さい!!
★パンク修理 5分!
★タイヤ交換 10分!
★空気補充 5秒!
速く、安く、確実に修理します！
便利な用品も店内にはたくさん有り！専門パーツも有り！
BRIDGESTONE 梅雨の味方！
大特価
¥3,500
BRIDGESTONE 後子供乗せ
¥6,580
Prestino
42,200円
Panasonic ポンプ
¥980
¥1,580
¥1,980
¥1,000
¥2,580
10%off!!
元気に遊ぼう！
SixKid'sモデル
14,800円
Panasonic カジュアルKid
18,800円
19,700円
BRIDGESTONE JrMTB
24,200円
Panasonic ライトクロス
25,100円
BRIDGESTONE エコパル
Panasonic レインボーガールズ
24,200円
MIYATA スターメロディ
18,800円
19,700円
BRIDGESTONE 人気No.1Kids
17,900円
18,800円
うみの特選！CTB
17,800円
18,800円
20,600円
BRIDGESTONE ラピーナ
22,400円
店内にたくさん有るぅ
本店 247-1966 〈定休日〉水曜日
駅南店 280-5585 〈定休日〉水曜日
羽島店 278-0939 〈定休日〉水曜日

チラシ19裏

最下限アイテムは11,800円

チラシ19表

2 単品別・グレード別に売上数を捉えSEに万全を期す

続いて「SEの万全さ」について検討していきましょう。SEとして選定すべき商品の条件は「機能性を満たしている」「デザイン価値は一切なしでよい」「もちろん欠陥品ではない」「商品供給が十分可能である」です。

SEのプライスは「商圏一安い」「逆ザヤなし、最低一円は儲かる」「その仕入値で商品供給が可能なこと」。

以上がSEの万全さです。

SEは単品の価格の出発点となるアイテムですから、SEをいいかげんに考えると単品全体がいいかげんになります。

先のチラシ19「うみの自転車チラシ」はSEそのものが欠如していました。チラシ18「ホームテックリフォームチラシ」は、SEを一等地で大切に訴求していました。チラシ17「いちごCLUB手づくりエプロンチラシ」は2940円のSEをきちんと訴求していました。チラシ16「新生堂食材チラシ」は自家焙煎珈琲豆200g450円と、神戸としては普通のSEを打ち出しています。

このように実際のチラシ例を見ていっても、単品別・グレード別にチラシを展開して、それに応じた売上数を捉えて、SEに万全を期しています。取り上げなかったチラシ1〜チラシ15についても同様のことが言えます。

SEに万全を期すということは、単品全体に万全を期すことにつながっていきます。

その単品のSEで、その単品購入予定客をまず取り込む、とりわけ不況期、ライフサイクル安定期においてはSEの存在は不可欠です。

SE目当てに来た客が、店でそのSEアイテムを買うとは限りません。SEよりもデザイン価値の高い価格1・2倍、1・4倍、1・8倍の下グレードアイテムに移行することも十分あり得ます（以下、中グレード、上グレードへの移行についても同様です）。

単品の出発点SEは、かくも全体に影響を与えるのです。

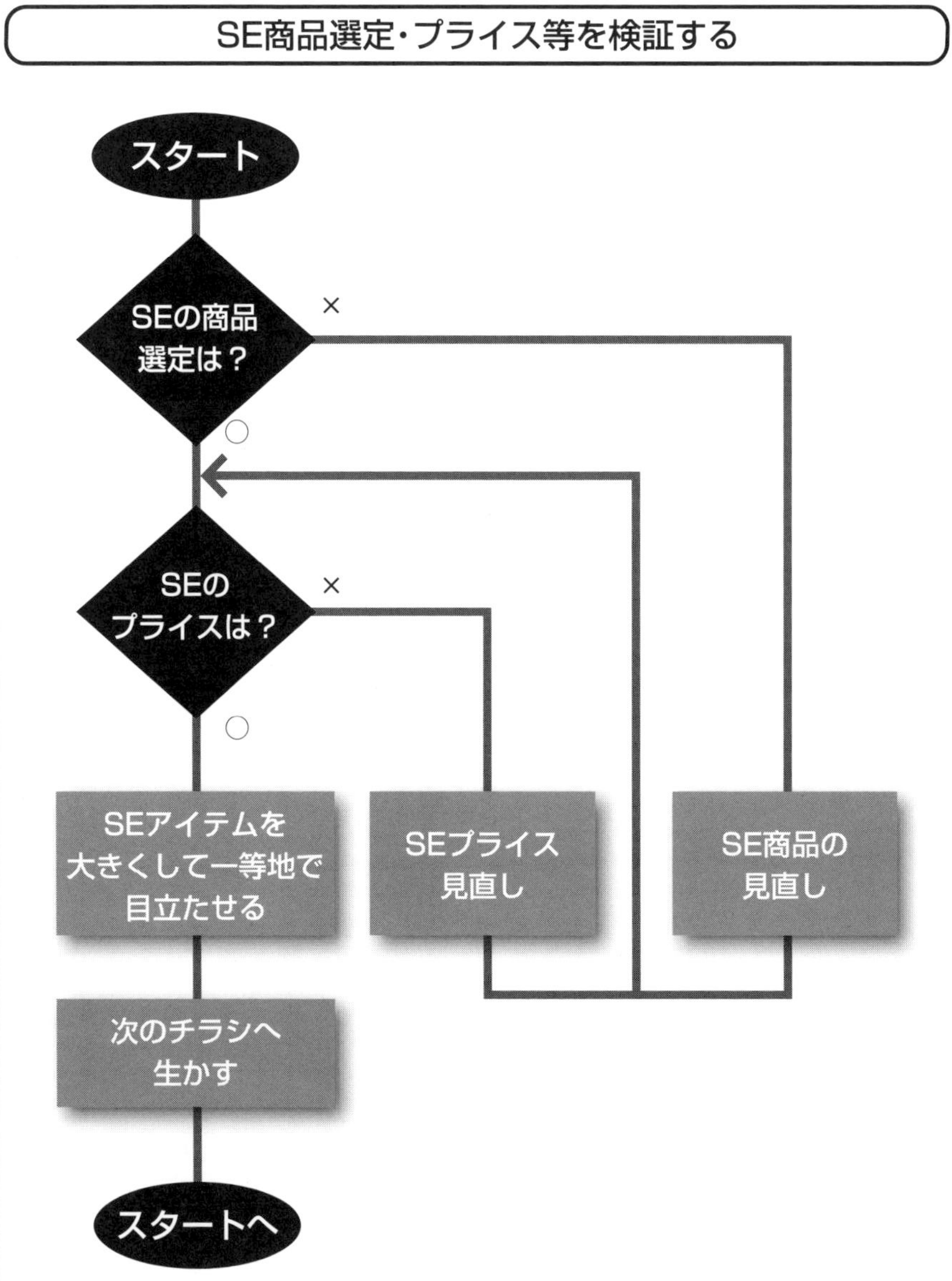

POINT **あなたのチラシにSEはありますか？**

3 売りたいアイテムを目立たせる

「新しい客層を引きつける」のがチラシの役目ですから、チラシを打ったらチラシ全商品の売上数を捉えて、また、単品別グレード別に売上傾向を捉えて、基の基である単品のＳＥに万全を期すことがポイントでした。

そうしたことをやってみると、以下のようなことが見えてきます。

- チラシ掲載の全商品が売れるわけではない
- 一個も売れないアイテムもかなりある
- 売れ個数にかなりバラツキがある

結果的に、かなり売れたアイテムはチラシ技術論的には「目立ったからだ」ということがわかってきます。

もちろん、チラシに載せる全商品を目立たせることは不可能ですが、全体の１／４〜１／５の主力単品、主力アイテムについては十分に目立たせて、一個でも多く売ることは可能です。

左のフローチャートを見てください。

- チラシ左上等、チラシ一等地に配慮する
- 一品の写真の大きさを他の１・５〜２倍にする
- 商品一品の写真を立体的にする
- プライス表示を工夫する
- 使用価値ポイントを表記する

以上の５点がチラシ商品を目立たせるための基本です。

人の視線はまず左上に注がれるため、左上が一番目立ちます。また、平均の１・５倍以上大きければ十分に目立ちます。

さらにアイテムを立体化すると、きわめて目立ちます。チラシ19では、自転車を立体的に見せるための工夫をしているほか、プライス表示も工夫していて、自転車本体に微妙にかぶせているバクダンマークが生きています。ＳＥ的商品は１・５万円、１・６万円と端数切捨てで安さ感を出していて、プライスそのものも大きく表示しています。使用価値ポイントについても、同チラシの一番店のこだわりは十分伝わるはずです。

売りたいアイテムを目立たせる方法

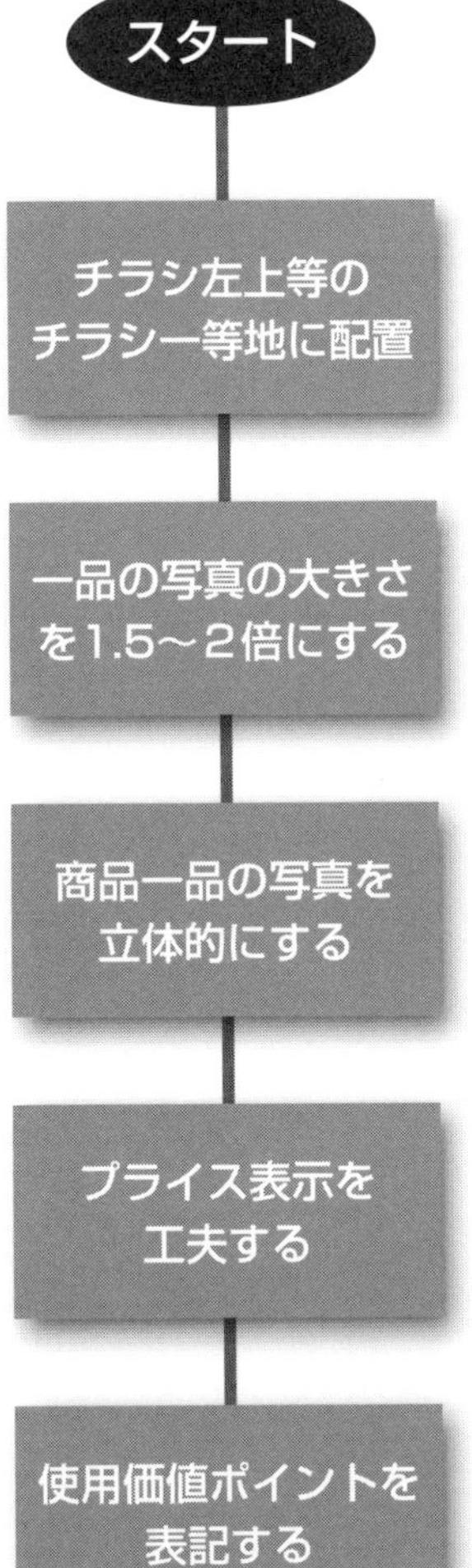
スタート
チラシ左上等の
チラシ一等地に配置
一品の写真の大きさ
を1.5～2倍にする
商品一品の写真を
立体的にする
プライス表示を
工夫する
使用価値ポイントを
表記する

POINT **売れたアイテムは「目立ったから」だ！**

4 単品を目立たせてお値打ち感を出す

チラシアイテムを個々に捉えて目立たせることができたら、次は「単品を目立たせてお値打ち感を出す」ことに留意しましょう。

集客とは単品で、つまりSEから上までのグレードに分類されたアイテム構成でやるものです。単品、つまりグレードで整理されたアイテムを目立たせることが個々のアイテムのお値打ち感を出すことになるのです。

というのも、アイテム一品一品をバラバラに訴えてみても、商品訴求で一番大切なお値打ち感が客に伝わりません。なぜなら客は、「旅行用の歯ブラシを買おう」と、購入する単品は決めているにしても、まだどのアイテムを買うかまでは決めていないかもしれません。購入するアイテムは同一グレードの中でも選択して決めます。

この選択をする際に、お値打ち度を比較しているのですから、**どんどん選び比べてもらって、客自身にお値打ち感を感じてもらうチラシが当たるいいチラシなのです。**

では、どんな時に何を目立たせるべきなのか、それをまとめたのが左図です。

単品、つまりグレードで整理されたアイテムを目立たせるといっても、その単品のチラシ全体での位置づけによって違います。

集客が目的の場合は「SE↓下↓中↓上」と下からの積み上げを目立たせるようにします。逆に粗利率をとることを優先するときは、「上↓中↓下↓SE」とグレードの高いアイテムから目立たせるようにします。

大半は集客も粗利率も狙うでしょうから、バランスをとって、「下↓中↓SE↓上」といった目立たせ方をします。

チラシは集客が第一、それも新しい客をとっていく役目がありますから、SEは他店に負けられませんし、目立たせなければなりません。SEを押さえることができたら、下グレードそして中グレードを狙っていくのが定石です。マーケットのボリュームは「下↓中」グレードが一番多いからです。

目的によって目立たせるアイテムは異なる

グレード＼目立たせ方	集客優先の目立たせ方	粗利益率優先時の目立たせ方	バランスを考えた目立たせ方
上のアイテム	4	1	4
中のアイテム	3	2	2
下のアイテム	2	3	1
SEアイテム	1	4	3

POINT　個々のアイテムをバラバラに目立たせるのではなく、単品を目立たせよう！

5 単品を目立たせて売る側のキャラを出す

単品を単品として目立たせることが、チラシを当てるポイントです。お客が「欲しい」と感じる単位の商品（単品）が強く目立てば、チラシは当たるのです。

単品を目立たせる戦略のひとつに、**売る側のキャラクターを打ち出す**ことがあります。実は、これまで本書で取り上げてきたチラシの大半がこれをやって当てているのです。

- 単品を誰が仕入れたり作ったのか
- なぜ、その商品アイテムなのか
- どういう思いで売っているのか
- お客にとって本当にすばらしい商品なのか

そうした単品と客をつなぐ人材、キャラクターの側面を前面に打ち出していくのが大切です。いわば「人の顔の見える単品」を前面に打ち出していこう、ということです。

その留意点を左図にまとめました。単品のグレードによってキャラの打ち出し方は異なります。

SEは単品の出発点であるからこそ、社長、店長といった経営トップが訴求することが効果的です。「なぜ、SEにこだわるのか」「社長、店長の単品への本気さをこのSEで伝える」のです。チラシ4のサトーカメラのそれが典型例です。

下グレードはがんばっている店員を出し、下グレードの品揃えとこだわりを店員の肉声で伝えることです。店員の現場での本当の勉強になります。チラシ19のウミノ自転車チラシでも1・5万、1・6万、1万9800円の自転車を社員がバッチリ伝えています。

中グレードはバイヤー、商品部にも登場してもらって品揃えとこだわりを、苦労話も含めて伝えていくことです。チラシ13のノザキの食品チラシが典型です。中島バイヤーのさわやかさが客にも受けています。

上グレードはメーカーにも敬意を示して、それを取り扱う店としての存在感を示すべきです。ウミノのチラシはズバリそれを狙っています。

アイテムのグレードによって打ち出すキャラクターは異なる

目立たせ方＼グレード		SEアイテム	下のアイテム	中のアイテム	上のアイテム
集客優先の目立たせ方		1	2	3	4
粗利益率優先時の目立たせ方		4	3	2	1
バランスを考えた目立たせ方		3	1	2	4
キャラと一体化していく上でのポイント	キャラは	・社長自ら訴求 ・店長も訴求	・店員が訴求	・バイヤーを出す	・メーカーキャラを使う ・メーカー販促と一体化
	そのポイント	・「なぜSEにこだわるのか」のPR ・社長・店長の単品への本気さを伝える	・品揃えを伝える ・そのこだわりを伝える	・品揃えを伝える ・バイヤーとしてのこだわりを伝える	・新製品を伝える ・そのメーカーのこだわりを伝える

POINT

目立たせたいのはどのグレードか？
それによって目立たせるキャラ（人）を変える

❻ キャラと単品を一体化してシンボル商品にする

「キャラと単品を一体化してシンボル商品にする」、つまり、人と商品を一体化してシンボル商品にしていくことがチラシの最終的役割です。

多くの人は、人の問題を精神的に捉えがちで、物の問題を事実的に捉えがちですが、実際は人と商品を一体的に捉えることが、チラシ作成において大切な点です。それを前項で見ました。

もう一歩踏み込んで言えば、この「人と商品の一体的捉え方は」は「売れたという成功実績」だけが保障します。好結果だけが原因を掘り下げ、広げるのです。

SEを完璧に揃えられる店はそう多くないので、きっちりとやっていけば、客から「助かります」「安くて嬉しい」と言われて、正直嬉しいものです。

客の多い下グレードで多くの客に支持されると、客は「嬉しい」と言ってくれるのでさらに嬉しくなるものです。安いことは嬉しいものなのだ。

これまた客の多い中グレードの客は「楽しい」「インタレスティング（興味のある）」の意思表示を示してくれるので、自分も楽しいものです。

上グレードは客が「さすが」と言ってくれるので、自分のプライドになります。

「助かる」「嬉しい」「楽しい」「さすが」と、単品の売上アップと共に自己確信とプライドが高まっていきます。単品全グレードの売上アップを通して自己確信が高まっていき、単品全グレードのお客様の支持でプライドが高まっていくのです。

客と商品をつないでいく媒体がチラシですから、「キャラと単品を一体化してシンボル商品にする」ために、チラシの役目はきわめて大きいのです。

「助かる」→「嬉しい」→「楽しい」→「さすが」というお客の支持・評価をいただいて、エネルギーにして、次々にチラシを発展させていくことです。そしてシンボル商品にしていくのです。

売る人と商品を一体的に捉える

目立たせ方＼グレード		SEアイテム	下のアイテム	中のアイテム	上のアイテム
集客優先の目立たせ方		1	2	3	4
粗利益率優先時の目立たせ方		4	3	2	1
バランスを考えた目立たせ方		3	1	2	4
キャラとの一体化していく上でのポイント	キャラは	・社長自ら訴求 ・店長も訴求	・店員が訴求	・バイヤーを出す	・メーカーキャラを使う ・メーカー販促と一体化
	そのポイント	・「なぜSEにこだわるのか」のPR ・社長・店長の単品への本気さを伝える	・品揃えを伝える ・そのこだわりを伝える	・品揃えを伝える ・バイヤーとしてのこだわりを伝える	・新製品を伝える ・そのメーカーのこだわりを伝える
逸品条件		客に「助かる」と言われて正直嬉しい	客に「嬉しい」と言われてもっと嬉しい	客に「楽しい」と言われて自分も楽しい	客に「さすが」と言われてプライドとなる

POINT

お客の支持を得て、
チラシを発展させ、商品をさらに磨こう

7 地域ブランド品として自信とプライドを示す

シンボル商品は、やがてブランド品へと進化・深化せざるを得ません。「チラシは商品を育てるツール」「チラシで定期的に客と関係し合う」「そして客と共に商品を成長させていく」、こうしたことをまとめたのが左図です。

生きていくということは最終的には、まわりとの関係で自己を確信し、つまり自信を持ち、自己尊厳、わかりやすくいえばプライドを持つこと、これが理想でしょう。

販促、そしてチラシもそのための一手段です。

一般商品、一般人間として自信もプライドも「まあまあ」「そこそこ」なら、経費をかけて自己主張、つまり販促する必要はありません。「ちょっと抜きん出たい」「自分を伸ばしたい」と感じて自分を強化するのです。

意図的に強化していけば、間違いなくそのテーマにおいては「主力商品」になれます。何かで主力なら自信とプライドも備わっていくものです。そして最主力、つまり一番へと昇りつめていくのです。このレベルが「一番商品」であり、ほぼマーケットでも一番の商品です。

最後がブランドです。もちろん地域ブランド品として十分です。全国区になどなる必要もありません。有名になることが問題ではなく、自分の自信とプライドを最高まで高めることが重要なのです。

チラシを打ち続けて商品が進化・深化していくと、地域ブランド品として自信とプライドを示すレベルに必ず到達します。

- 売上が欲しいからとりあえずチラシを打った
- 客の商品購入モチーフ（意識）にフィットさせることが大切で、少しは単品を意識してチラシを当てようとする
- 明らかに客の購入単位商品（単品）に適合させて、単品を明確にして、その一番を目ざしていく
- マーケットでの単品の量（マーケットボリューム）と質（マーケットの構造）を知り、自分の単品をとぎすませてマーケットリーダーの道をめざしていくとレベルアップしていくものなのです。

商品のレベルが上がれば自信・プライドも高まる

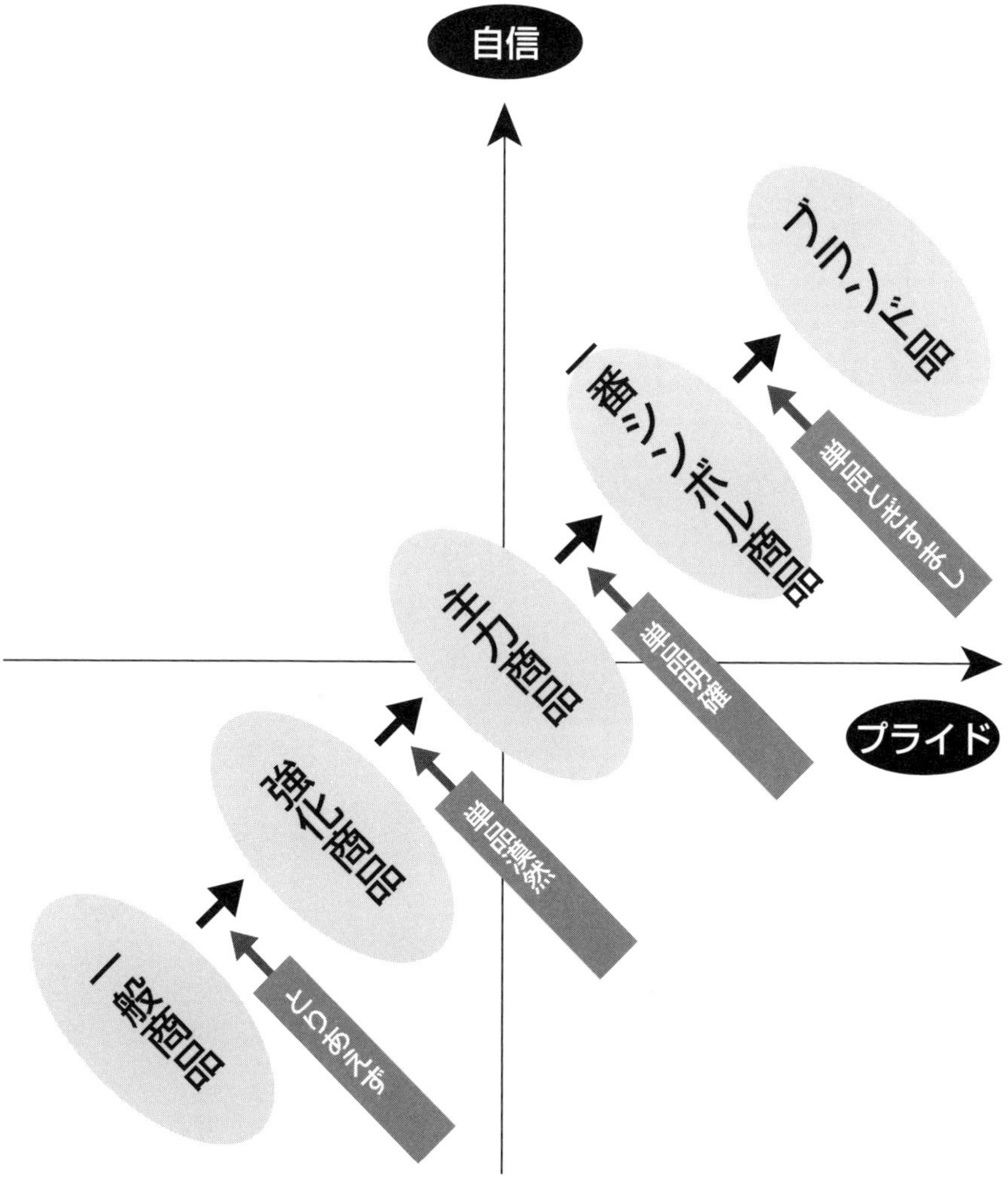

POINT

誰でも一品くらいは一番シンボル商品を構築できる

8 単品一番商法でチラシの費用対効果は高まる

本書は「チラシを当てたかったら、単品一番商法をチラシでやりなさい」という思想でまとめられています。なぜなら、それが究極の答だからです。

単品一番商法とは、「相手（客）の購入単位商品になりきる」「その買い方にあわせる」「お金に替えて自信とプライドを確認する」というものです。必然的に、「単品一番商法でチラシの費用対効果をあげよう」という議論になります。その答を左図で示しました。

ある単品のマーケットボリュームが年間５０００万円あると想定します。一般商品の場合はせいぜいシェア３％程度で、年間売上１５０万円（月商12万円、日商５０００円）、チラシ経費がその３％とすれば年間４・５万円かけられるということです。チラシか何かに月間４０００円ほどかけて、月間12万円ほど売っているのです。

この一般商品を強化してシェアが７％になったとします。７％はランチェスターの法則でいう存在シェアであり、売上３５０万円、チラシコスト10・５万円ということです。チラシに月間９０００円ほどかけて、月間売上30万円にしたということです。

主力単品はシェア11％の影響シェアであり、売上５５０万円、チラシコスト16・５万円ということです。月間１万３０００円ほどかけて、月間売上45万円にしたということです。

そして一番単品はシェア19％、売上９５０万円、チラシコスト28・５万円と同じ単品なのに、一般商品のときの６倍以上にもなっています。その単品の購入客が６倍以上になったのです。明らかに競合店を食ったのです。

真の一番はシェア26％ですから、売上１３００万円、チラシコスト39万円とスケールが大きくなります。一般商品売上１５０万円の粗利が39万円とすれば、その分をまるまるチラシコストにあてられるのです。

「単品一番商法」を実践すればチラシコストを高めることができ、より上の費用対効果にチャレンジできるのです。

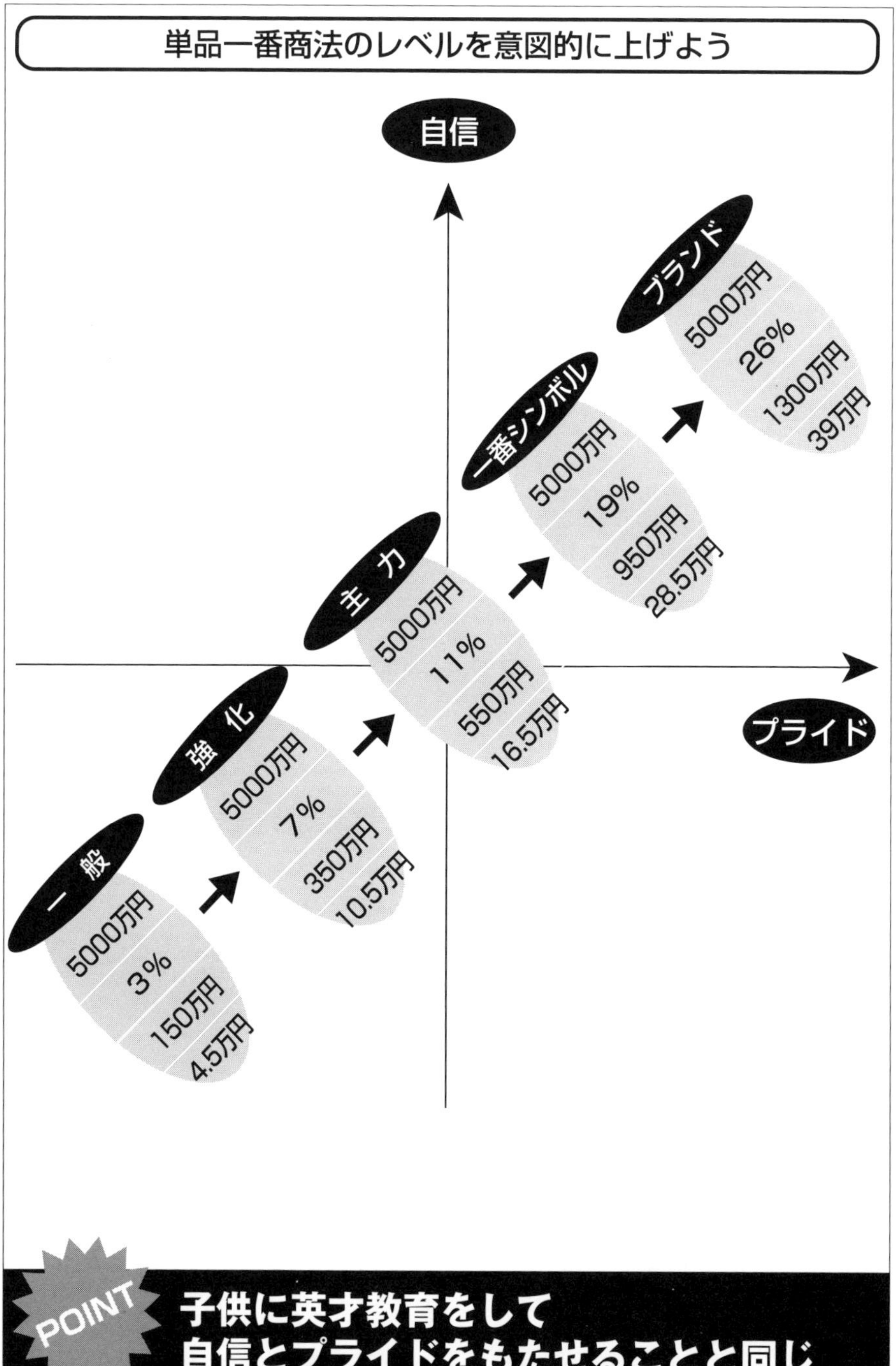
単品一番商法のレベルを意図的に上げよう
自信
プライド
一 般
5000万円
3%
150万円
4.5万円
強 化
5000万円
7%
350万円
10.5万円
主 力
5000万円
11%
550万円
16.5万円
一番シンボル
5000万円
19%
950万円
28.5万円
ブランド
5000万円
26%
1300万円
39万円
POINT
子供に英才教育をして
自信とプライドをもたせることと同じ

8章

チラシで商売の費用対効果を高めよう

1 私達が一単品になって費用対効果を本気で探求する

商売は費用対効果がすべてです。効果、それも費用をペイするだけの効果がなければ赤字になって、事業を継続できなくなるからです。

売上１００、粗利30なら、その粗利30から販促費、つまりチラシ代を払うことになります。粗利30の40％近くの12が人件費で消え、家賃で15％近くの４・５が消え、すでに16・５が消えました。残り13・５から販促費、電気代、通信代……と多くの経費を払わねばなりません。販促費は粗利30の10％の３、売上１００のうち３ぐらいしか使えないのです。こうも言えます。**販促代３を費用として使って効果30を粗利として獲得するために、売上100を狙っていくのが商売だと。**

結論から言うと、商売の費用対効果を高める最善の策は、私達が一単品の重要性を認識し、費用対効果を本気で探求していくことです。左図で考えてみましょう。

- 店㋑：単品Aがシェア19％で月間売上９５０万円、同様に単品Bがシェア11％年間売上３３０万円で合計１３５０万円
- 店㋺：単品Cはシェア19％と高いものの、他の単品はさほど高くなく合計９５０万円
- 店㋩：全単品がシェア５％で合計４５０万円
- 店㊁：全単品がシェア３％で売上も２７０万円しかなく、店㋑の１／５の売上

㋑の店はマーケットの大きい単品Aのシェアが高いことで店全体の売上げを伸ばしています。なぜ、単品Aでこんなにも差がつくのでしょうか。

- 単品Aのマーケットが大きく、店㋑の責任者が単品Aを押さえ込むことがポイントであることを知っていた
- 単品Aの単品一番商法を遂行して、チラシも一等地展開を一番多くやってきた
- もちろんSE、下、中、上グレードのアイテムを押さえている

つまり、力のある責任者が一単品になって費用対効果を本気で遂行してきた結果が数字に表れるのです。

4店舗の3単品のシェア分析をしよう

単品＼店	㋑	㋺	㋩	㋥
単品A	5000万円	5000万円	5000万円	5000万円
	19%	11%	5%	3%
	950万円	550万円	250万円	150万円
単品B	3000万円	3000万円	3000万円	3000万円
	11%	7%	5%	3%
	330万円	210万円	150万円	90万円
単品C	1000万円	1000万円	1000万円	1000万円
	7%	19%	5%	3%
	70万円	190万円	50万円	30万円
計	9000万円	9000万円	9000万円	9000万円
	15%	10.5%	5%	3%
	1350万円	950万円	450万円	270万円

3%が販促費なら	40.5万円	28.5万円	13.5万円	8.1万円
チラシ	打てる	打てる	打てない	打てない

POINT　単品になりきって費用対効果を高めよう

❷ チラシ有効3日間でコストの15倍以上の売上げに挑戦する

前項の店㋑の一番単品Aの内容を、さらに検討してみましょう。単品Aの月間売上高950万円を週別週日別に見たものが左図です。

チラシを打った第四週の金土日3日間の売上が300万円と善戦しています。

チラシコストが仮に100万円で、A単品だけで負担するのが1／10の10万円だとすると、チラシ有効期間3日間で、30倍売ったことになります。

30倍の売上げは大きすぎるので、まずは「15倍以上」に挑戦しましょう。15倍だと販促代対売上高が7％ぐらいになりますから、1ヶ月間を通して3％くらいになり、ペイすることになります。

3日間で15倍以上の売上げをあげるには、単品一番商法を日ごろから責任者を決めて実行していなければ達成できないでしょう。

・単品責任者を決める
・SE、下、中、上グレードともアイテム充実をはかる
・当然、価値も価格も競合店以上でなければならない

こうしたことを意図的、継続的にやっていないと、㋩店のように月間売上250万円でチラシ3日間の売上げが80万円、チラシコストが10万円なら、8倍しか売れないということにもなってきます。

8倍か30倍か、マーケットでのA単品の勝負はチラシを打つたびに明らかになります。

A単品で単品一番商法、そしてそのチラシの打ち方をマスターすれば、B、C単品へと発展させることができますが、逆に単品一番商法が理解できなければ、先の㋩や㋥店のようになかなかチラシがペイしないようになるでしょう。

チラシが打てる店と打てない店の差はどんどん開いていくことになります。

チラシは目先の売上アップの手段ではありますが、単品を育てて主力単品、一番単品にしていく手段、商品を確立する手段がチラシであるということも見えてきます。

店㋑のA単品の週別週日別の展開策は？

週／何週目か	月～木	金～日	計
第１週	70万円	80万円	150万円
第２週	90万円	110万円	200万円
第３週	80万円	120万円	200万円
第４週	100万円	300万円	400万円
計	340万円	610万円	950万円

第４週金土日のチラシ

チラシコストが全商品で100万円とすれば

A単品負担分$\left(\frac{1}{10}\right)$＝10万円

300万円÷10＝30倍

仮に㊁店A単品月売上250万円のうち

第４週金土日のチラシ３日間売上80万円で
チラシコストが10万円なら80万円÷10＝８と
８倍しか売っていないことになる

POINT　コストの15倍の売上げに挑戦して、チラシをペイさせよう

3 単品別・グレード別に売上げを積み上げる

チラシ有効3日間でチラシコストの15倍以上の売上げをとるためには、単品別・グレード別に売上げを読むことが欠かせません。前項からの続きとして、通常の金土日の売上げとチラシ投入金土日の売上げにわけて考えてみます（左図）。チラシ投入金土日の売上げが、通常の金土日の3倍はなければなりません。

どのグレードでも3倍前後の売上げの読みが必要となるのに加えて、SEの売上げは4～5倍が必要です。まったく新しい客（層）をとるのがチラシの役割であり、SEはとりわけ新規客獲得のための商品だからです。

下、中、上の各グレードにおいても、チラシ投入金土日3日間の読みをきちんと行ないます。

単品別・グレード別にコストの15倍以上の売上げを読むためには、チラシの入らない通常の金土日の売上げ、それも単品別・グレード別の実績をつかんでおかなければなりません。

チラシを打つということは、事前に通常時の売上げをはるかにこえる売上げの読みをするということなのですが、現実にはなかなかそうできない店が多いようです。

- 日々の売上実績を捉える
- 主力単品の売上実績を捉えておく
- 主力単品のグレード別の数量×単価も大まかに捉えておく

これを地道にやっていれば、チラシ投入時に売上げを読むのは、さほど困難なことではありません。

事例のように、チラシ投入時にコストの15倍以上の売上げを達成し得ればいいのですが、チラシを打つのが当然となってマンネリ化し、1～2割しかアップしない、つまり費用対効果が合わないというケースも多く見受けられます。そうして、チラシそのものも打てなくなっていくのです。

そうならない考え方と手法をこの本では一貫して実践的に述べてきました。繰り返しますが、キーワードは「単品別・グレード別対策」につきます。

店㋑のA単品の週別曜日別の展開策は？

金土日／内訳	通常の金土日の売上	チラシを投入した金土日の売上
全体	100万円ぐらい	300万円
上	3.5万円×８点＝28万円	3.5万円×20点＝70万円
中	2.5万円×15点＝38万円	2.5万円×50点＝125万円
下	1.5万円×20点＝30万円	1.5万円×57点＝85万円
SE	1万円×５点＝５万円	1万円×20点＝20万円

支え合う！

POINT

チラシを打たない通常時の単品別・グレード別の売上げをつかんでおこう

4 一アイテムでグレードの55％を読める

前項までの事例は次のようなものでした。
・チラシ投入3日間のA単品売上高が300万円
・A単品300万円のうち、中グレードの売上げは12・5万円（2・5万円×50ヶ）

中グレードを構成する三つのアイテムの内訳は左図の通りです。

「中1アイテム」が2・8万円×29ヶ＝81万円と、中グレード3アイテムの中で群を抜いた売れ筋となっています。「中1アイテム」の中グレードにおけるシェアは81万円÷125万円で65％です。一アイテムでシェア65％も稼いでいるのです。

このような、一アイテムで単品グレード予算の55％を読める超売れ筋商品が必要となってくるのです。

55％、つまりシェアの過半を占めるのは、ランチェスターの法則でいう「独占シェア」です。

このような、高校野球のエース・4番バッターのような商品が必要です。

超売れ筋の一品・一アイテムがどうしても必要なのです（伸びているジャパネットたかたはこの商法です）。単品一番商法がチラシの究極の答でした。SEを押さえ込んだ上で、下・中・上グレードとも一番にしていくのです。

とりわけ、下か中グレードあたりで売りたい商品＝売り筋スター商品を一品育て上げねばなりません。この一品で単品が統合され、シンボライズされていくのです。

こうして見てくると、チラシには多くの単品が記載され訴求されるのですが、主力単品、主力グレードの一番アイテムとなる売り筋スター商品を育て上げることは、その大切な大切な役割となるのがわかってきます。

費用対効果を高めるには、売り筋スター商品を育て上げながら、効率よい単品をいくつか作ることにつきることがおわかりいただけるでしょう。

店㋑のA単品の中グレードの売上げ内訳

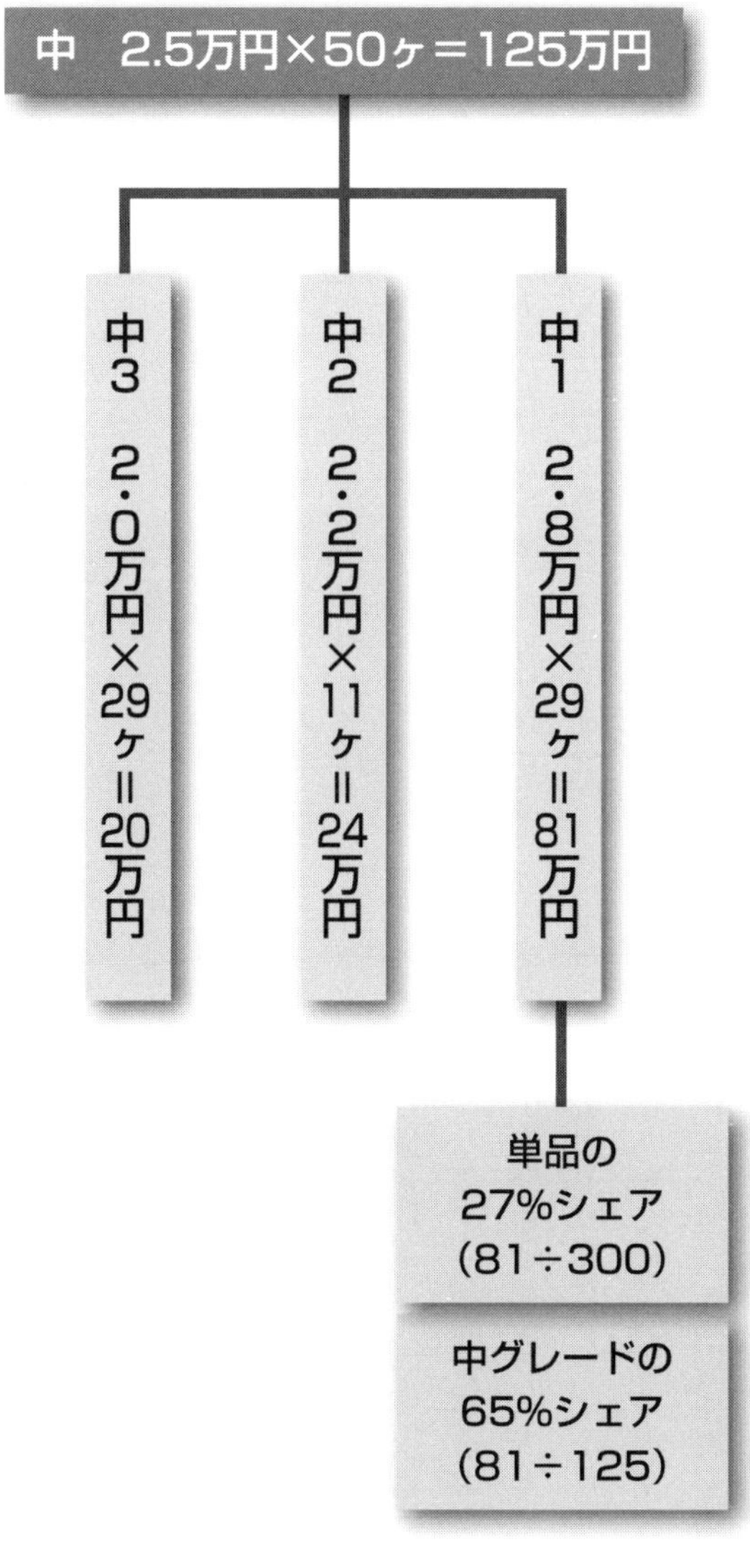

POINT　あるグレードの過半を占めるアイテムを作りあげよう

5 マンネリを打破し、一単品の売上げを昨対200%以上にする

コストの15倍以上の売上げに挑戦するということは「単品が昨対200%以上」となるよう、チャレンジすることとです。それは、「マンネリ打破」しないと難しいと言えるでしょう。

チラシ20「ホームテックのリフォームチラシ」を見てください。単品の売上げを昨対200%以上にするため、メーカー20社以上に協力してもらって開催したリフォーム博です。

とりわけリフォームの柱の中の柱、水まわりのキッチンリフォームと浴室リフォームについては、昨対200%にチャレンジしました。SE的アイテムも「得々リフォーム限定パック」として押さえ、メーカー別の成約特典もいっぱいあります。

ホームテックでは、キッチンと浴室リフォームは常に昨対200%にチャレンジし、チラシコストの30倍以上の売上げをキープし続けるために、常に新しい企画を打ち出しています。

昨対200%にチャレンジするため、SEは常にしっかり押さえ、SE以外のグレードもアイテムで具現化し、客目線で担当者が客の疑問に答え、メーカー等仕入先のプロ達の力を借り、お祭り企画で楽しく来店していただく――懸命にマンネリ打破をやっているのです。

SEも常に変えています。そのために、いつも競合店のチラシ等をチェックし続けているのです。

SEが変われば当然、下、中、上の各グレードも再構成することになります。担当者がその単品でしっかりとあらゆる客に生活情報を与え、メーカー等仕入先の人材と協力し合って売上げアップをはかり、チラシを使ってお祭り企画にまとめ上げているのです。

「SE」×「グレード」×「責任ある情報」×「関係者協力」×「お祭り企画」でマンネリ化しない仕組みをチラシ企画としてやり続けているのです。

「リフォームプライス」はホームテックの新しいリフォームショップのブランドです。
リフォームプライス八王子・多摩・世田谷
多摩地区、京王沿線最大のリフォームイベント
リフォーム博
735
アラ還世代のリフォームを語ろう会
いまリフォームをお考えなら必見の博覧会
メーカー20社以上が大集合!!
情報量も半端じゃない!
キッチン・バス・洗面・トイレなどの水廻りメーカーでは、掃除の手間が省ける「らくらくお掃除」商品についてご説明いたします。
新型、人気、話題の商品を一度に見られる!
リフォーム博だけの得々リフォーム限定パック
45万円
58.9万円
17万円
12.6万円
8万円
29.3万円
20万円
高い自由度で理想とこだわりを実現するリフォームの実力がわかるコーナー満載!
リフォーム博はあなたの？に答えます
スタンプラリー参加でプレゼント抽選会!!
ちびっ子も楽しいイベントいっぱい!
暗くてお困りのお部屋はありませんか?「太陽光照明」システムが解決!!
スカイライトチューブを取付けると…
キッチンリフォーム
浴室リフォーム
戸建用システムバス
マンション用システムバス
らくらくお掃除機能で、おふろ掃除の悩みを解消します。
給湯器同時交換おススメします!
49.3万円
62.0万円
85.1万円
8.8万円
16.6万円
76.0万円
73.5万円
64.7万円
53.3万円
79.4万円
95.5万円
73.5万円
地図は、うら面下にあります。
リフォームプライス 世田谷 八王子 多摩 町田店 立川店
ホームテック株式会社
地域密着のリフォーム会社です。（地図は裏面）
0120-89-1802
http://www.hometech.co.jp
リフォームプライス世田谷店 5月16日プレオープン! 23日グランドオープン決定!!

チラシ20

6 一アイテム、一単品の営業利益率15％に挑戦する

チラシ21・22は、ドラッグストア・ノザキのチラシです。ドラッグストアというよりも、食品専門店のチラシのように見えます。

ノザキは医食同源のコンセプトに基づいて玄米を地域一番店にすべく、精米機を入れてレジ横で1ヶ月に80万円は売ります（とりあえずの目標は１３０万円です）。左図のように80万円で営業利益3万円、１３０万円売って14万円です。

このように、主力単品は単品損益計算書を出しましょう。主要な経費である人件費と販促費と家賃は、仕事時間と按分してあらかた算出することができます。最終的には一アイテムの損益計算書までもっていくべきです。

ノザキの玄米の事例では、15％の営業利益率を出すためには今の2・5倍の２００万円の売上げを出さないとかないません。ですから、１３０万円というのはとりあえずの目標なのです。

ここで疑問に感じるかもしれません。なぜ「一アイテム・一単品は営業利益率15％にチャレンジ」しないといけないのでしょうか？　それは簡単なことです。**店全体で3～5％の営業利益を出そうとするならば、2割くらいの単品が営業利益率15％以上でなければならないから**です。いわゆる「２８の法則」というもので、２割で全体の８割が決まります。野球だって９人のうち、ピッチャーと4番バッターの２人がポイントです。仮に１０００単品、４０００グレード、５万アイテムが店にあれば、２００単品ぐらいは営業利益率15％が必要なのです。

ノザキには、薬や化粧品では営業利益率15％以上の商品が数多くありますが、食品ではまだまだ数が少ないというのが現状です。

そこで食品の一番の柱である米を、それも地元の玄米を「体ヨロコブ美味逸品！」の一番商品として販促をかけているのです。ドラッグストアの域を超えて、「ノザキが厳選した大分玄米トップ４」を一アイテム一アイテム大切に訴求しているのが理解できると思います。

主力単品＝玄米の損益計算書

現状と目標 ＼ 数値	現　状	目　標	営業利益率20%の目標
営業利益	3万円	14万円	30万円
人件費	10万円	10万円	10万円
販促費	3万円	3万円	3万円
家　賃	1万円	1万円	1万円
その他	1万円	1万円	1万円
粗利益	18万円	29万円	45万円
売　上	80万円	130万円	200万円

販促部長の西本さんのセンスの気さくさも伝わってくる手配りチラシ

チラシ21

POINT

1アイテム・1単品営業利益率15%達成のため数値目標を定めてチラシ作りをしよう

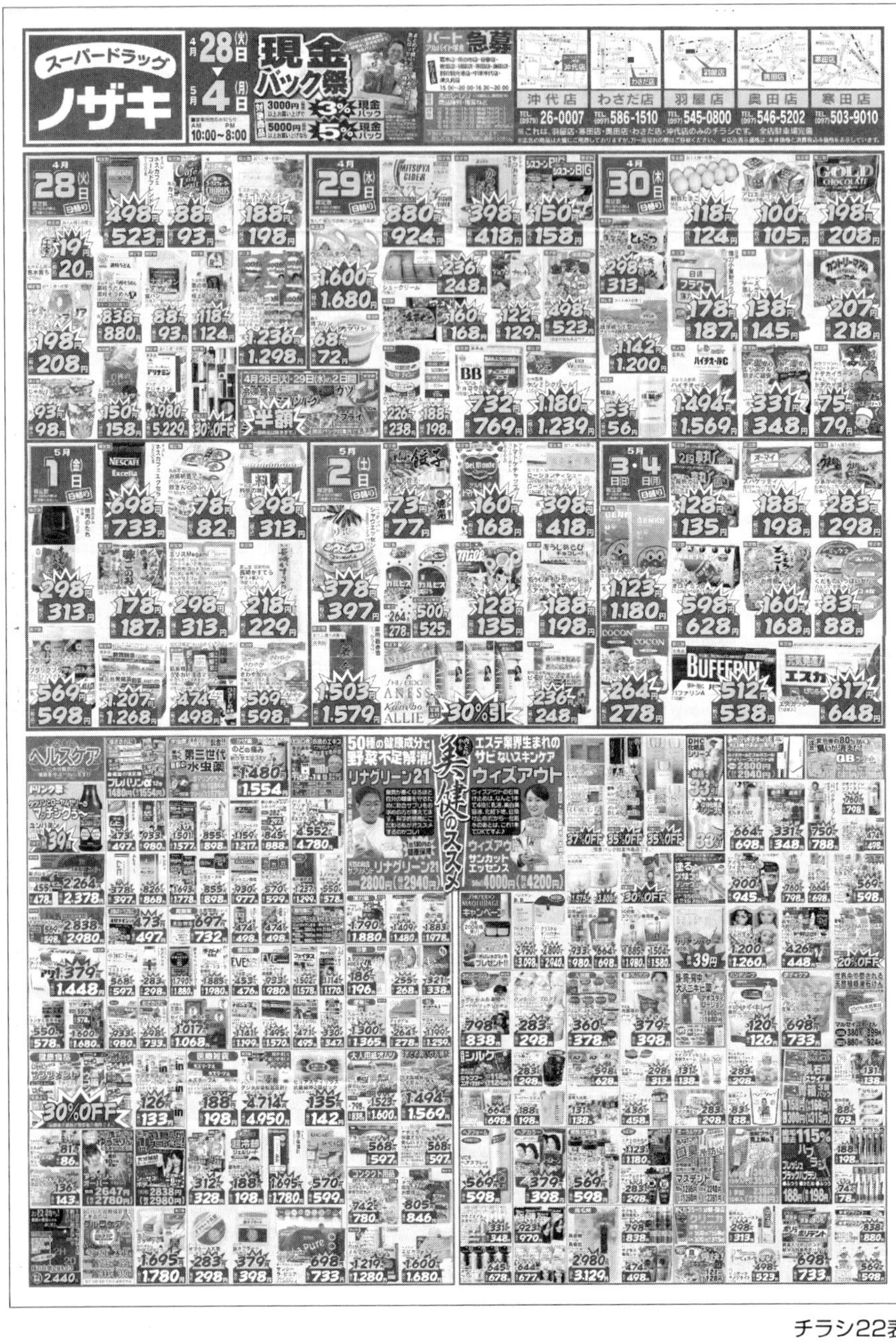
スーパードラッグ
ノザキ
4月28日(火) ▼ 5月4日(月)
10:00〜8:00
現金バック祭
3000円以上お買い上げで 3% 現金バック
5000円以上お買い上げで 5% 現金バック
パート アルバイト 急募
沖代店
わさだ店
羽屋店
奥田店
寒田店
TEL.(0979) 26-0007
TEL.(097) 586-1510
TEL.(097) 545-0800
TEL.(097) 546-5202
TEL.(097) 503-9010
ヘルスケア
50種の健康成分で野菜不足解消! リナグリーン21
美と健のススメ
エステ業界生まれのサビないスキンケア ウィズアウト
30%OFF

チラシ22表

「医食同源」のコンセプトを
大きく打ち出している

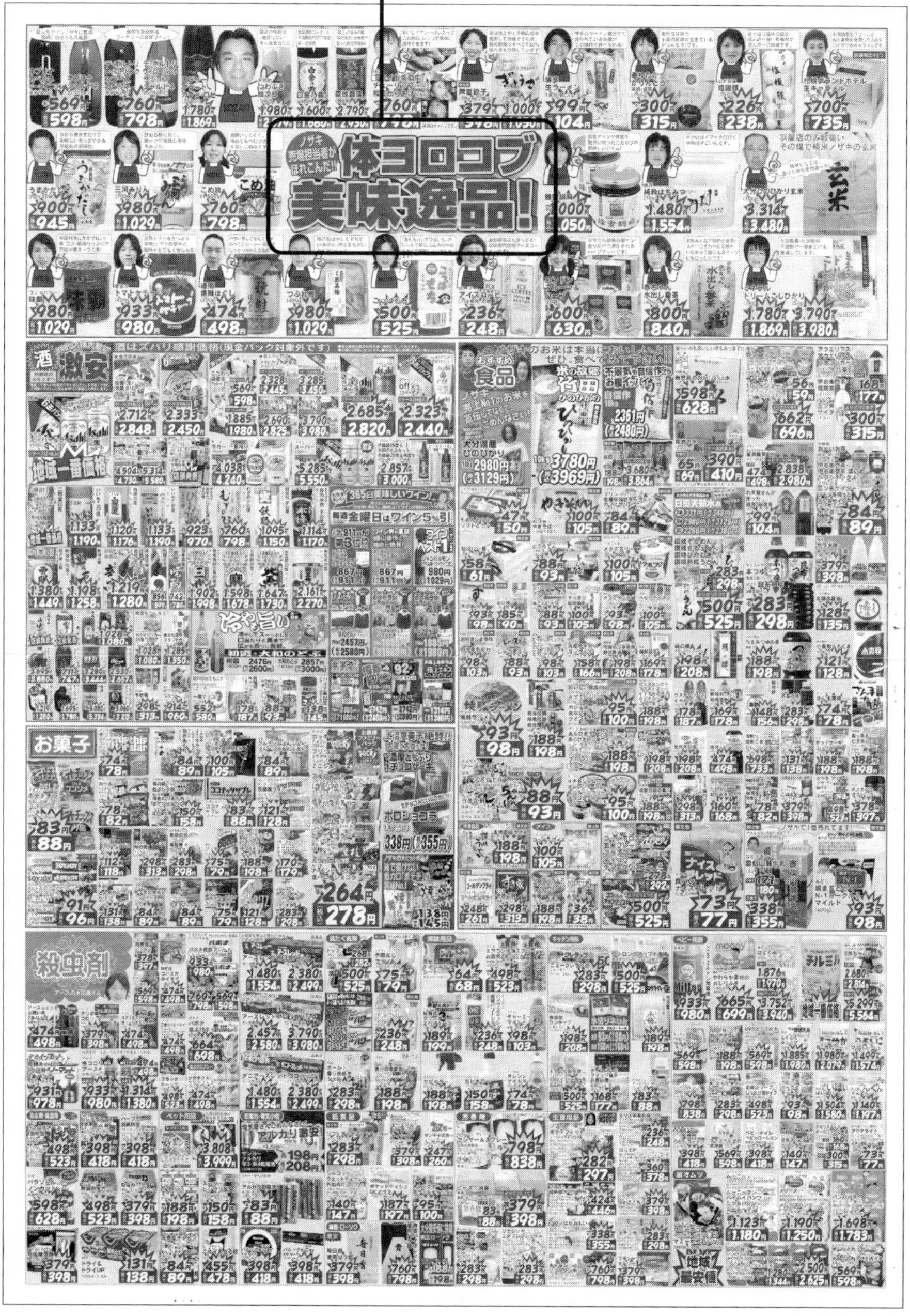

チラシ22裏

7 ライフサイクルに応じて常に革新する

・チラシ有効3日間の売上げをチラシコストの15倍以上にする
・それを単品別グレード別に読める
・一アイテムで単品グレード予算の55%が読める
・一単品昨対200%以上でマンネリ打破
・一アイテム・一単品は営業利益率15%挑戦

といった費用対効果を高める超常識商法を、チラシ上でどう展開したらいいのでしょうか？　それはライフサイクルに応じて常に革新することです。先のノザキもホームテックも、一番店としてそれをやっているのです。

ライフサイクルは導入期（子供時代）→浸透期（青年時代）→ピーク・後退期（中年時代）→安定期（熟年時代）と4期に分けられ、それぞれで生き方・商売の仕方が異なります。要はその4期の時流にフィットした単品商売をやればいいのです。

たとえば、ドラッグストアのノザキは今の時流に合わせて「医食同源→身上不二」「自分の身体にフィットする美健快楽」を米で体現しました。米の安定期に求められるのが「地元の米で精米したて」です。ライフサイクルの安定期、つまり圧倒的に需要不足、供給過剰の今は、とぎすまされたF×Sの価値ポイントが大切です。「精米仕立で超おいしい」×「地元米で体によい」こそドラッグストアが導き出したライフサイクル一番商法なのです。

・**導入期**：子供時代に夢を追いかけたイメージ一番商法
・**浸透期**：青年時代になんでもかんでもチャレンジしてきた品揃え一番商法
・**ピーク・後退期**：中年時代に人としての気さくさ、安さを演じられる安さ一番商法
・**安定期**：「イメージ」も「品揃え」も「安さ」も単品にすべて生かしきる単品一番商法

商品とは、人の生活のために人が作ったものです。人にライフサイクルがあるように、商品にもそれがあります。それを活用して売っていくのがライフサイクル一番商法なのです。

商品のライフサイクルと売り方の関係

<table>
<tr><th>業種例＼期</th><th>導入期</th><th>浸透期</th><th>ピーク・後退期</th><th>安定期</th></tr>
<tr><td>ライフサイクル</td><td colspan="4">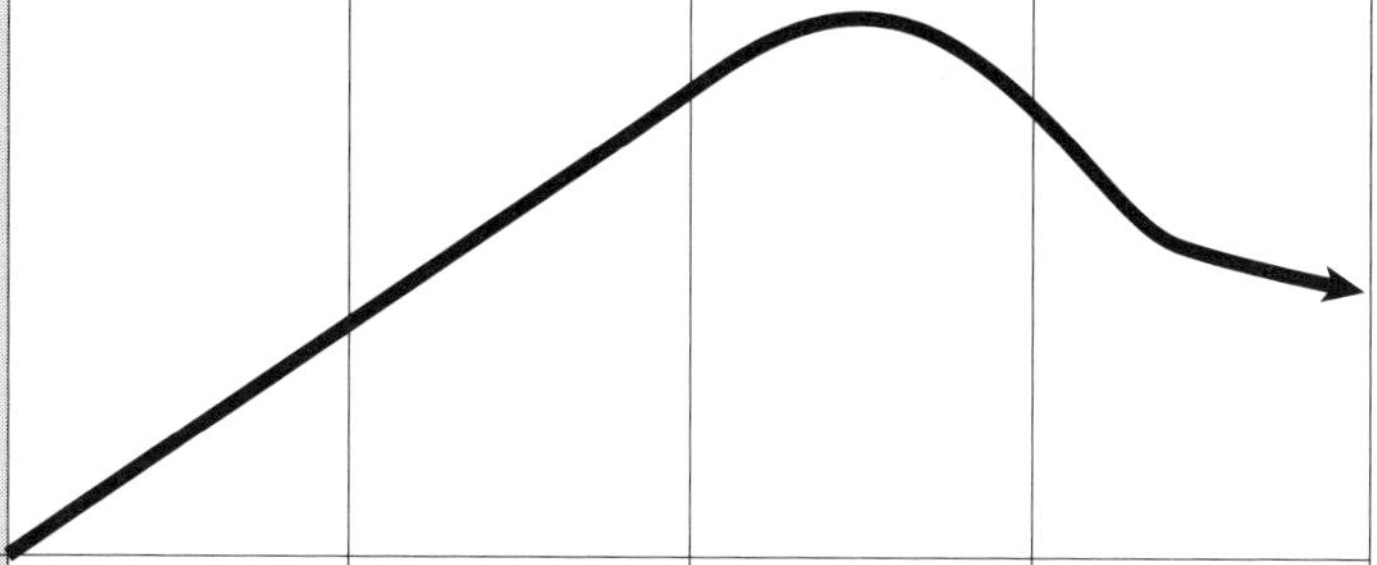</td></tr>
<tr><td>ドラッグストア</td><td>品揃えがあって
便利</td><td>品揃えが充実
していて
しかも安い</td><td>安さは当然で
医食同源</td><td>身上不二</td></tr>
<tr><td>薬</td><td>とりあえず
予算に合う</td><td>全国ブランド</td><td rowspan="2">美健快楽</td><td rowspan="2">自分の身体に
フィットする
美健快楽</td></tr>
<tr><td>化粧品</td><td>とりあえず
予算に合う</td><td>全国ブランド</td></tr>
<tr><td>米</td><td>食べられれば
よい</td><td>新米</td><td>全国ブランド</td><td>地元の米で
精米したて</td></tr>
<tr><td>需給バランス</td><td>需要＞供給</td><td>需要≧供給</td><td>需要≦供給</td><td>需要＜供給</td></tr>
<tr><td>４つの価値の
何が
ポイントか</td><td>イメージ
としての
F×S</td><td>(F＋f)×
(S＋&)</td><td>自分好みの
(F＋f)×
(S＋&)</td><td>とぎすまされた
F×S</td></tr>
</table>

POINT

あなたの売っている商品は
ライフサイクルのどこにありますか？

8 費用対効果が高まるほどいいデザインになる

すでに述べたように、チラシコストは100円売るのに3円くらいしかかけられません。100万円で3万円、1000万円で30万円です。この少ない予算で最大の売上アップを狙う商売とデザインの相関について検討しましょう。

結論から言えば、**費用対効果が高まればいいデザインになる!** ということです。

「ケチっていいデザインになるわけない」「ぜいたくするからいいデザインになるんだ」という常識論はありますが、ここでは商売におけるデザイン論、費用対効果を満たす「売れる、儲かる」デザインのことについて考えます。左図はライフサイクルによって費用対効果とデザインが違うことをまとめています。

導入期：子供のときのように漠としたイメージ、違う言い方をすれば、まったくの自己満足のデザイン。先行投資と言えば聞こえはいいが、まったくハズれるチラシで大赤字

浸透期：青年時代のように一応は目的に合致した、つまり単品訴求デザインであり、単品公式（F＋f）×（S＋s）をにぎやかに表現したデザインが多い。なんとか、トントンにしたい

ピーク・後退期：中年時代のように、人生のことや経営のこともわかり、単品の意味も深化・進化し、単品のすべてを体現したデザイン。（F＋f）×（S＋s）も気さく、気軽になってきて、利益も出る

安定期：熟年時代のように、あらゆることを経験してズバリ答もわかるようになる。削ぎ落されたデザインで「F＋S」を言い切り、営業利益率15％以上も普通

以上、ライフサイクルとデザインと費用対効果をアバウトに見てきましたが、ライフサイクルに応じた単品訴求の仕方とも照応しています。つまり、「イメージ→品揃え→安さ→とぎすまされた姿」の単品訴求の仕方の違いです。「費用対効果が高まればいいデザインになる」と内容は奥深いものです。

ライフサイクルとチラシの費用対効果・デザインの関係

期／デザイン	導入期	浸透期	ピーク・後退期	安定期
ライフサイクル	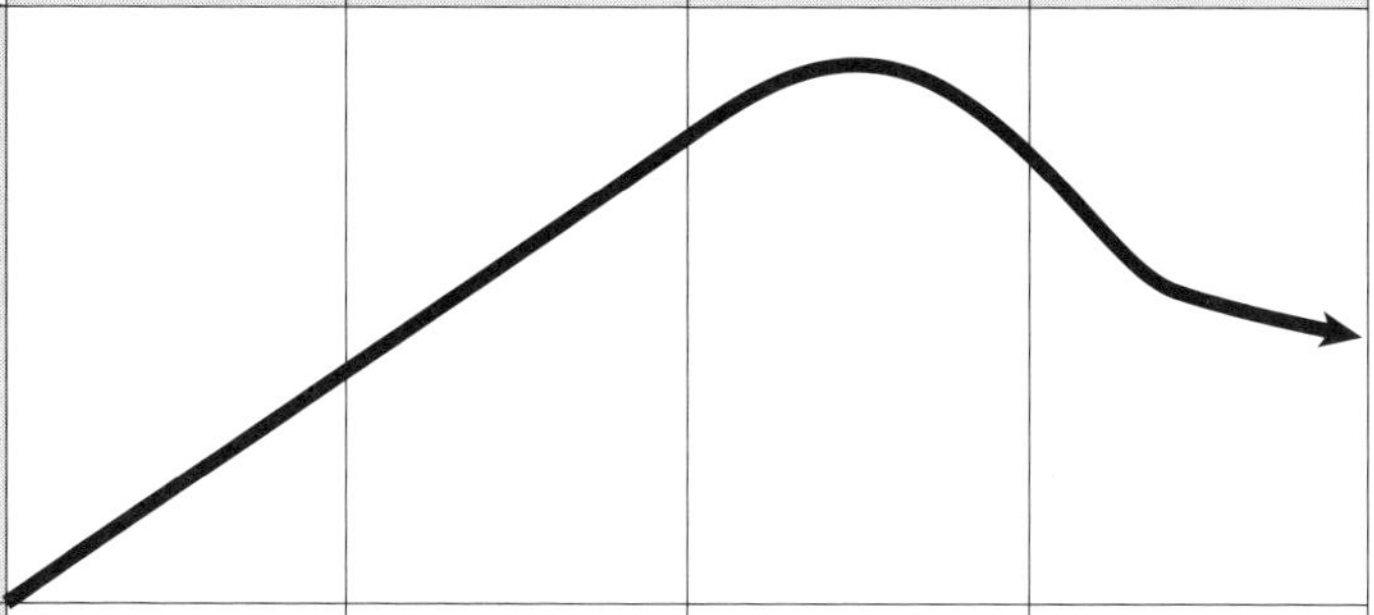			
費用対効果	先行投資で赤字	なんとかトントン	利益を出す	営業利益率15%以上
デザイン	漠としたイメージ	単品としてのデザイン	すべてを体現したデザイン	削ぎ落されたデザイン
デザインの基	まったくの自己満足	(F+f)×(S+&)のにぎやかなデザイン	(F+f)×(S+&)の気さくなデザイン	「F+S」デザイン
単品訴求の仕方	単品はまだ存在せずイメージのみ	単品の品揃え	単品の安さ	単品のとぎすまされた姿

POINT

あなたのチラシは売れる、儲かるデザインですか？

9章

チラシのデザインに自分自身を表現しよう

1 生きていくデザインをチラシで検証しよう

左は2008年第三回居酒屋甲子園関西圏第一位の「てんてん」のチラシです（チラシ23）。

・表面のタイトルは「居酒屋さん　てんてんへ行こう!!」とお客目線の表現
・左上で「マーボー豆腐の天婦羅?? 290円って何?」と商品を訴求。料理150種、ドリンク200種を代表して言い切っている
・右下には「アサヒ生ビール390円」と「名物プリプリ海老の特製マヨネーズソースがけ　大きめの海老でめちゃ旨!!」と異質アイテムを組み合わせている
・右上はなぜか猿の顔と「ベビースペース完備・女性トイレにオムツ変え台完備!!」と異質なものを組み合わせている
・裏面は従業員に大切な情報を一つひとつ言わせ、「笑顔　エンターテイメント　連帯」の味を出している

てんてんの中島社長は30代の若さながら、人生のすばらしさもあじ気なさも知りつくした人間派社長であり（名刺1）、「元気なスタッフが夢を支え合い成長する場所でありたい。そんなスタッフを見てお客さんも元気になり、日本も元気になる」ということを本気で実践し、チラシもそんなデザインになったのです。まさに生き方そのもののチラシと言えます。もちろん、今まで例として出してきたすべてのチラシが経営者、店長、チラシ作成者の「生きていくデザイン」そのものです。それも、デザインの出しっぱなしではなく、そのデザインをチラシで検証している例ばかりでした。チラシとは、

・店の商品の自己主張である
・客の購入の立場、単位に合わせた自己主張である
・自己主張であるからそれは自己造型、自己デザインだ
・商品を訴求するためのデザインだが、当然売上、粗利責任がついてくる
・売上、粗利の検証をしなければならない、「生きていくデザインの検証」をチラシでやる

社長の心意気こそ大切となってきます。

チラシ23

"大好評"
マーボー豆腐の天婦羅？？？
290円
って何？
めちゃ旨メニュー
料理全150種以上!!
ドリンク全200種以上!!
ベビースペース完備
女性トイレにオムツ変え台完備!!
家族で!!
友達と!!
団体で!!
居酒屋さんてんてんへ行こう!!
アサヒ生ビ
390
名物
プリプリ海老の特製マヨネーズ
大きめの海老でめち
072.258.1027
営業時間 PM5:00~AM1:00
定休日 毎週月曜日
[月曜日が祝日の場合は翌日火曜日定休]
堺市北区船堂町131-2
2008
第三回居酒屋甲子園
全国で771店舗参加中
関西圏で1位!!
関西エリアでNO.1
ベビースペース有り
家族連れの方にも大好評
イベントも有り!!
お子様連れ大歓迎で～す!
手品も見せるでェ～
ドリンクメニュー全200種以上!!
メニュー例　詳しくは、ぐるなびページで!
ぐるなびQRコード
・生ビール 390円
・チューハイ 290円
・カクテル 390円
・地焼酎 350円～
てんてんのスタッフはいつも元気 !(^^)!

てんてんは美味しく食べて飲むだけの普通の居酒屋じゃないですよ～!! 厨房もホールのスタッフもお客様と一緒に楽しくするのが大好きです!! だからお客様とスタッフの距離間がすっごく近いので"ぶっちぎりの笑顔であったか～いこころのこもった"ちょっと変わった居酒屋さんです。

コースメニュー有り
宴会メニュー有り
メール会員大募集!!

料理メニュー全150種以上!!

メニュー例　詳しくは、ぐるなびページで!

ぐるなびQRコード
・特製!!マーボー豆腐の天婦羅 290円
・パワフルトマト 390円
・プリプリ海老の特製マヨネーズソースがけ 680円
クーポン券
平日 Food menu 25%off
土日祝 Food menu 20%off
クーポン券
5,000円以上ご利用の方
1,000円OFF
新鮮食材の日替わりメニュー有り
ないもんあったら作ります
こう見えて、料理人の人生11年!!150種以上の料理を最高の味でこなします。

名刺１

すべての人を笑顔で元気にする居酒屋さん!!
居酒屋てんてん
ボス猿　なかじま かずしげ
周りを笑顔にする男No.1!
中島一薫
マスコットのリッキーがお出迎え
〒591-8003
大阪府堺市北区船堂町131-2 1F
☎072-258-1027
地下鉄御堂筋線北花田駅3番出口を出て南へ400m
お名前記入欄
夢　皆の夢を叶えられる男になる事

2 「アイテムーグレードー単品」に分かれたわかりやすいデザインか？

チラシ24は、電気工事業兼リフォーム業で年商2億円を稼ぐ日誠電工のラミネート加工された手配りチラシです。

・表は「あかり工房」で防犯と団らんと安らぎを一体化した同社ショールームのＰＲ

・裏は「でんき」メニューと「リフォーム」メニューの代表的単品をリストアップ

でんきメニューは本業だけに単品が明確で、「頼れる110番」は5000円からの低単価アイテムになっています。リフォームメニューも他の大型リフォーム店にはない「空飛ぶじゅうたん和室」「玄関土間」「勝手口リフォーム」と、単品の捉え方が具体的でおもしろい作りです。

名刺の3倍程度の大きさに20アイテムほどが表現されているところに、「アイテムーグレードー単品」を知りぬいている坂本社長のキャリアを感じさせます。

いわば、坂本社長の「生きてきたデザイン」そのものがコンパクトに表現された手配りチラシになっています。

チラシは自分の生きるデザインそのものであり、その検証であるといっても、客にわかってもらえなければ意味がありません。

単品、つまり客の購入単位商品の捉え方こそ大切で、「玄関防犯電気リフォーム7000円より」は単品そのもので、7000円なら誰でも頼めるプライスです。「今すぐできる玄関防犯7000円」はその単品のＳＥです。ＳＥが確定すれば下・中・上グレードへと単価アップすることができます。そして、一人ひとりのお客様の玄関防犯リフォームが具体的アイテムとなります。

「アイテムーグレードー単品」と商品を捉えることで、売る側も買う側もわかりやすくなるのです。

デザインすること自体が目的ではありません。デザインは、あくまでわかりやすくシンプルでなければなりません。そのためにも、目的である商品の捉え方が重要になってくるのです。

チラシ24表

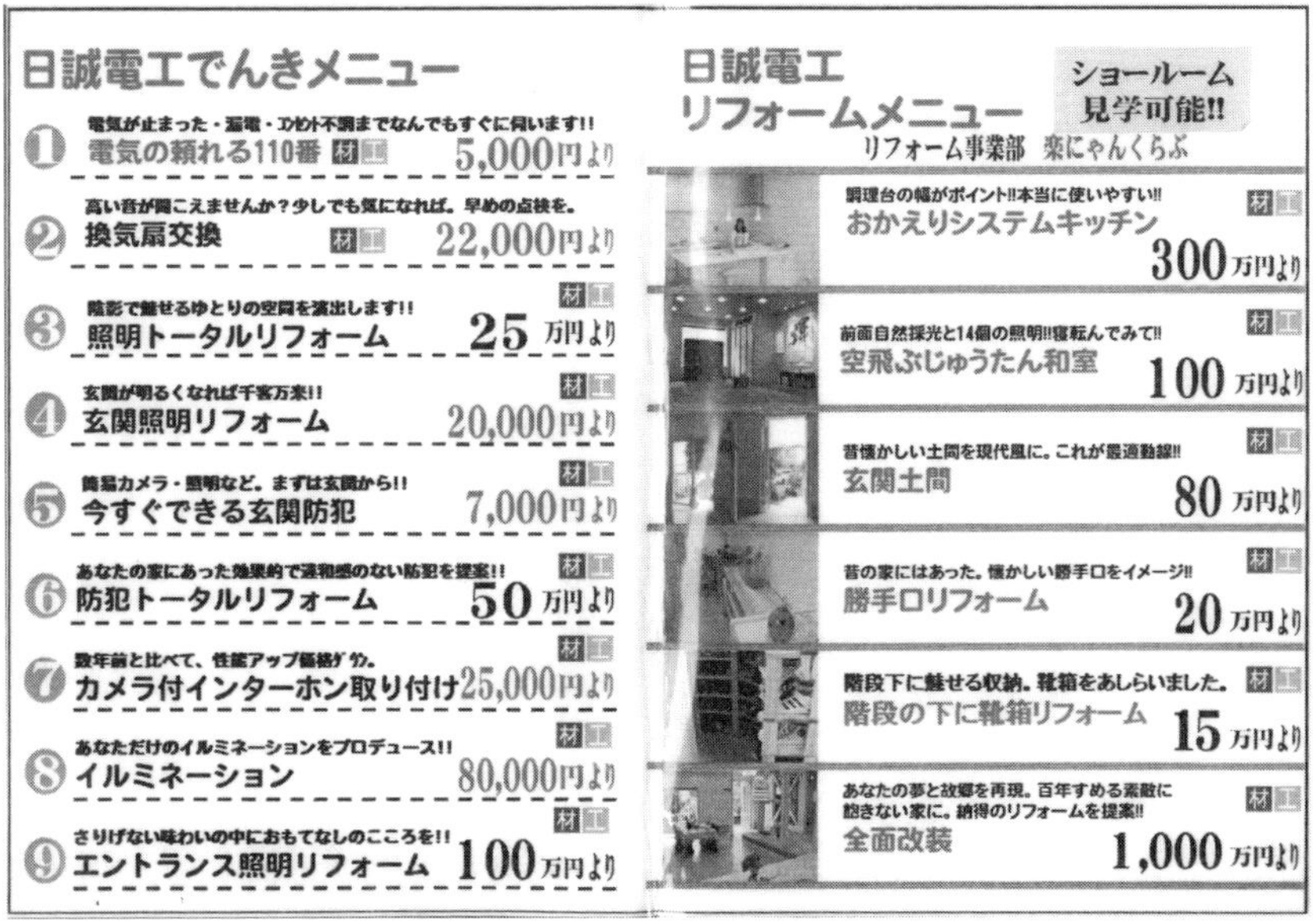

チラシ24裏

3 「スーパーエコノミー下グレード」を訴求する気さくなデザインか？

左はＴＶ等で有名な「のぶちゃんマン」のチラシです（チラシ25）。20年前は年商3億円、今や35億円までになった原動力は、もちろん滝下伸夫社長の気さくさ、気軽さのキャラクターによります。それが十分に表れているチラシを見てください。

表面の小物家具はもちろんであるが、定額給付金に合わせた1万2000円の5アイテム、2万4000円の3アイテムは京都のＳＥと言えます。裏面の「景気対策全力応援セール」に載せている商品も、下グレードからせいぜい中グレードまで。のぶちゃんマンは知りぬいているのです。「『スーパーエコノミー下グレード』の商品は気さくだ」ということを。

- 家具の宝島の激安を検証
- 応援特価でサポート
- アウトレット、Ｂ級品
- 景気対策全力応援セール

こうした安さ感を訴求するメッセージも、「スーパーエコノミー下グレード」の具体的商品での訴求力がなければ空々しく感じることでしょう。具体的な商品という裏付けがあって、それをのぶちゃんマンが「ノブすが言うんだから間違いない！」とマスコミを使った布教を行っているのです。

滝下社長はこの20年間自ら次のことをやってきました。

- デッドストック的な商品も黙って売ってきた
- 商売は笑売、リズムとノリを大切にしてきた
- 「商売」は生き様であり、ときには頭を下げて身を守り、人間力を磨いた
- 「守破離」「信用から信頼へ」「トップになるまで天狗になるな」でやってきた

その結果、下グレードに日本一こだわる家具屋としてやってきたのです。滝下社長のキャラクターの気さくさ、気軽さは家具屋として日本一なのです。だからのぶちゃんマンはお客様の支持を得てきたのです。

“のぶちゃんマン”というキャラに扮し、メディアに登場している滝下伸夫社長

チラシ25表

チラシ25裏

❹「下グレード-中グレード-上グレード」に分かれた夢のあるデザインか？

新生堂のチラシ、中でもワインについて見てください（チラシ26）。

• 左上の一等地でチリのワインをスーパーエコノミー的に訴求している
• 右上ではワイン雑誌の大賞受賞作品を下グレードの代表として訴求している
• 中の下商品として、スペイン商品とオーストラリア商品を1000円前後できちんと伝えている
• 中の上商品としてイタリア白ワイン1450円を訴求
• 上2380円でフランスの代表的ワインを伝えている

「下グレード-中グレード-上グレード」商品に夢がある。言うなれば、江田社長夫妻のワインへの夢がチラシになったのです。

• 全世界のワインを
• 1000円以下を中心にして
• きっちりと蘊蓄も伝えて

「新生堂でワインが好きになりました」「新生堂のチラシやPOPでワイン情報を得ています」というお客様はたくさんいます。つまり、**チラシに夢があり、お客に夢を与えている**のです。

「夢を与える、夢がある」というのは商売の本質です。新生堂の江田夫妻は夢をもって生きています。とりわけご夫妻で一致したのがワインでの夢作り。それもビンテージものや超高価品での夢ではなく、低単価品で夢をきちんと伝えてくれているのが嬉しい。商売は初心者や入門客をきっちりと捉えきった者が勝ちということを、江田夫妻はよく知っています。

• ワインを求めて全世界旅行もたびたび
• 1000円以下のおいしいアイテムには目がない
• 特に奥さんのワイン蘊蓄はたいしたもの

新生堂4店舗で、ワインの売上げが関西ベスト10に入るだけのことはあります。二階にワイン持ち込みOKの炭火やきとり・大釜ごはんの店もオープンさせ、初年度から飲食年商1億円をめざしています。

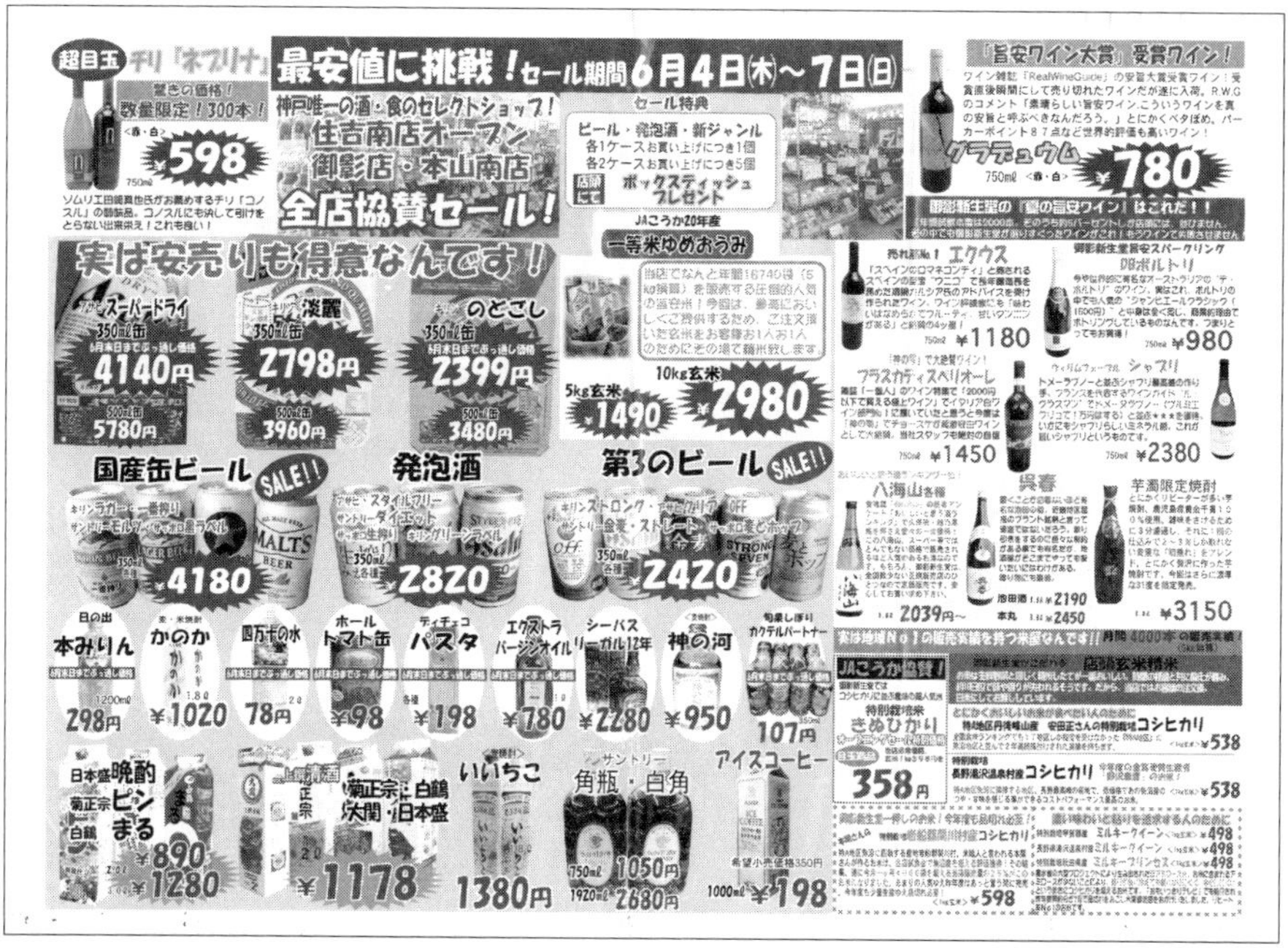

チラシ26表

チラシ26裏

5 「善→真→美」が商品・メッセージに表現されたデザインか？

サトーカメラの新しいチラシを見ていただきましょう（チラシ27）。

「マイクロSDカード!! どこよりも安くしました 398円栃木最強地域最安値!!」はズバリ真実性を感じさせます。社員が本気でリアルに大切な消耗品を伝えることで「真」を感じます。

「ケータイ写真100万枚突破！ 19円」は社長が私服でまじめに伝えることで善意が伝わってきます。善は商売のスタートです。

「サトーカメラの日本初カメラ11年間保証」は経営コンサルタントとしても有名な佐藤専務の交友関係と出版物をもち出し、かっこよさ、つまり美を打ち出しています。

つまり、サトーカメラのチラシは「善→真→美」をいつも商品・メッセージで意図的に表現しています。さすがにチラシのうまいサトカメです。

善は人間のあり方のスタートです。チラシのすみずみまで善にあふれていなければなりません。お客にとっていいことはすべて善です。善はサトーカメラの例のようにすべてのお客が喜ぶ善がいいに決まっています。

真は人間のあり方のベターです。チラシのすみずみまで真に溢れていたほうがいいに決まっています。客にとって嬉しいことはすべて真です。真はサトーカメラの例のように社長が身をもって示すに限ります。

美は人間にとってベストです。チラシのすみずみまで美に溢れているチラシが当たるのは当然です。客にとって美はベストです。美はサトーカメラの例のようにスタープレーヤーに自己主張させることです。

いつも商品で表現しましょう。いつも商品とメッセージをつなぎましょう。**商品メッセージ、商品を通したメッセージで善、真、美を伝えましょう。**

チラシは人が人に伝えるコミュニケーション媒体です。そうである限り、人が人に伝える善、真、美の価値メッセージになるのは当然のことです。サトーカメラはそのことをよく知っています。

マイクロSDカード!!どこよりも安くしました!!
大量注文も、どしどし受付中です!!
サトカメオススメ!!
栃木最強安値 マイクロSDカード1GB
398円 税込
栃木最強地域最安値!!
栃木No.1の地域最安値を用意しました
2GB 598円 税込
栃木最強地域最安値!!

昨年対比1000%UP
サトーカメラではこの数ヶ月で
ケータイ写真
100万枚突破!
栃木県民2人に1人はケータイ写真を試したことになりました。あなたはまだですか?
この感動!!
通常1枚30円
37%引
19円
ケータイ写真最速5分仕上

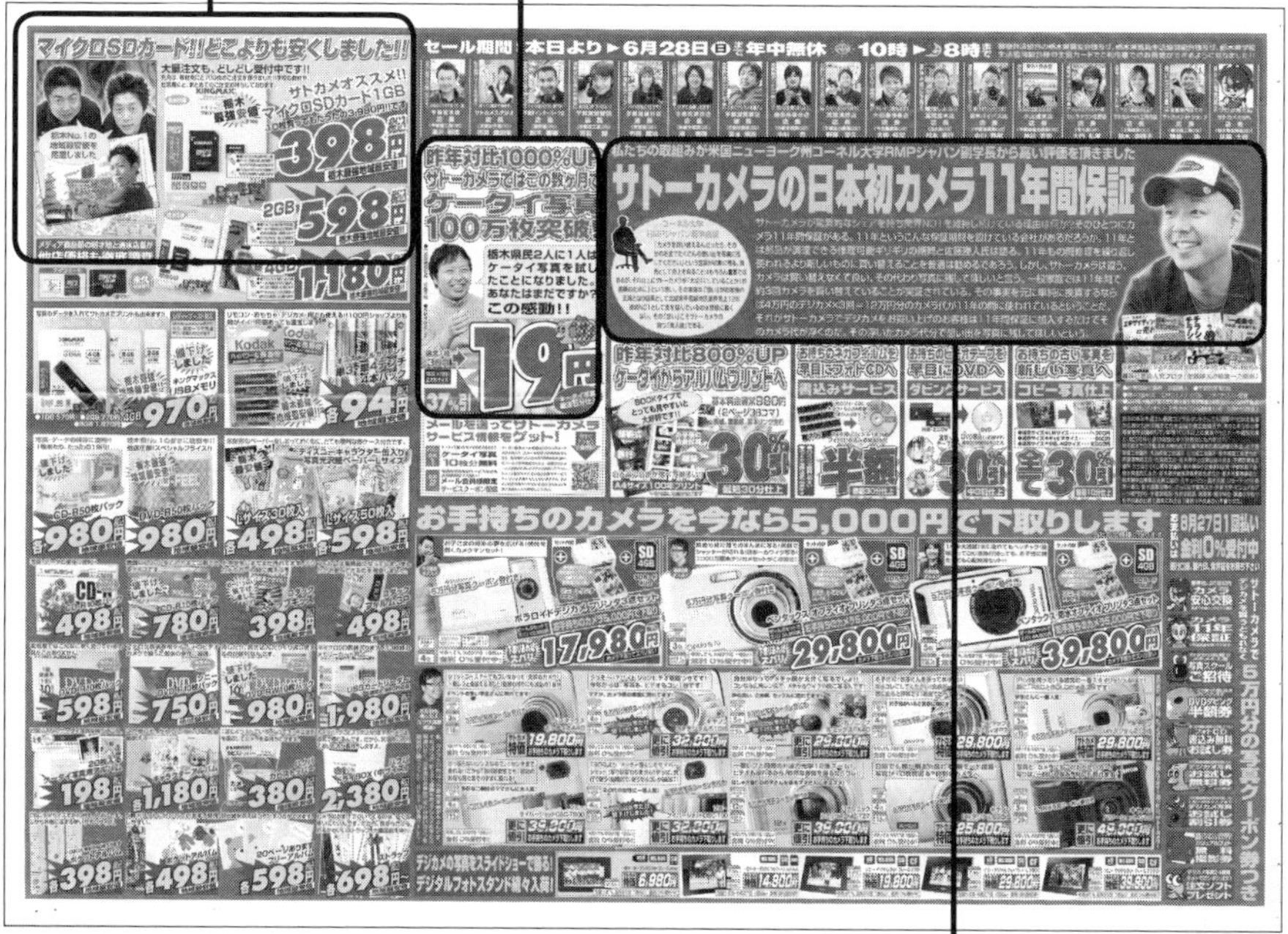
セール期間 本日より▶6月28日
年中無休
10時▶8時
昨年対比1000%UP
お手持ちのカメラを今なら5,000円で下取りします

チラシ27

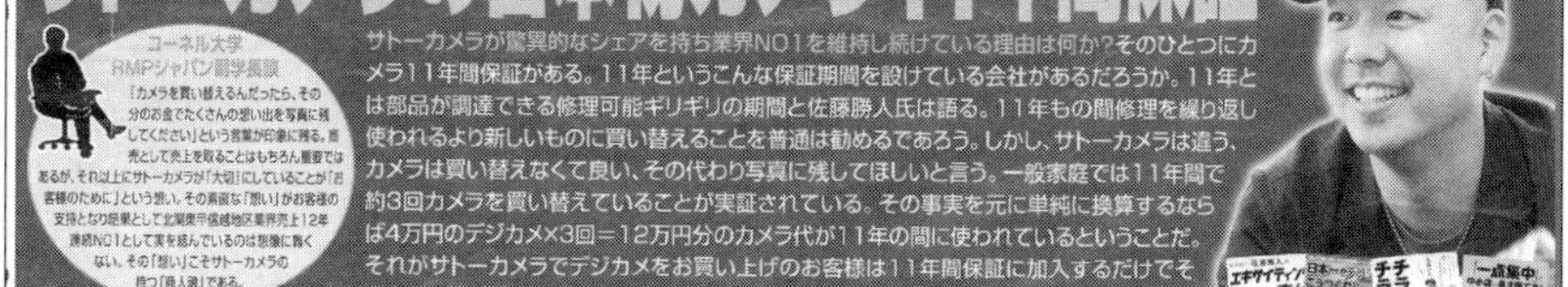
私たちの取組みが米国ニューヨーク州コーネル大学RMPジャパン副学長から高い評価を頂きました
サトーカメラの日本初カメラ11年間保証
コーネル大学
RMPジャパン副学長談
「カメラを買い替えるんだったら、その分のお金でたくさんの想い出を写真に残してください」という言葉が印象に残る。商売として売上を取ることはもちろん重要ではあるが、それ以上にサトーカメラが「大切」にしていることが「お客様のために」という想い。その素直な「想い」がお客様の支持となり結果として北関東宇都宮地区業界売上12年連続NO1として実を結んでいるのは想像に難くない。その「想い」こそサトーカメラの持つ「商人魂」である。
サトーカメラが驚異的なシェアを持ち業界NO1を維持し続けている理由は何か?そのひとつにカメラ11年間保証がある。11年というこんな保証期間を設けている会社があるだろうか。11年とは部品が調達できる修理可能ギリギリの期間と佐藤勝人氏は語る。11年もの間修理を繰り返し使われるより新しいものに買い替えることを普通は勧めるであろう。しかし、サトーカメラは違う、カメラは買い替えなくて良い、その代わり写真に残してほしいと言う。一般家庭では11年間で約3回カメラを買い替えていることが実証されている。その事実を元に単純に換算するならば4万円のデジカメ×3回＝12万円分のカメラ代が11年の間に使われているということだ。それがサトーカメラでデジカメをお買い上げのお客様は11年間保証に加入するだけでそのカメラ代が浮くのだ。その浮いたカメラ代分で想い出を写真に残してほしいという。
一点集中

6 ヘッダー15～26、ボディ85～74のリアルなデザインか？

チラシ28は大阪の平田家具のチラシです。タイトルがどこにも見受けられない、と思ったら、いや、ありました。「厳選100点！」というタイトルは紙面の3～5％の面積を占めているだけです。

タイトルをはじめとした商品以外の情報をヘッダーといい、商品そのものをボディといいます。

このチラシでも下のほうに店名、地図のボディが15％ほど占めています。つまりヘッダー20％、ボディ80％のチラシです。

「商品を一品でも多く載せたい。タイトル他のメッセージも商品本位に目立つようにしたい」というのがチラシを作っていく上での本音で、平田家具の場合、それでヘッダー20、ボディ80になったのです。

一般的に「ヘッダー15～26、ボディ85～74」でいつもリアルを狙うのがいいのです。

- 店名・地図
- タイトル
- その他（経営者の伝言、催事紹介等）

の3点を5％で計15％、タイトルを大きくしたいということで5％＋15％＝20％、こうして計算していけばヘッダー15～26％、ボディ85～74％となります。

商品のアイテム数や単品数や安さ感があったほうがリアルで当たる、と私は一貫して述べてきました。平田家具のチラシのように商品説明が一品一品きちんとなされているのも、リアルさを追求する際に大切なことです。タイトル名も「厳選100点！」のようにズバリ感があったほうがいいと思います。

「ヘッダー15～26、ボディ85～74」ならいつもリアルなチラシになるというわけではありませんが、商品一品一品、タイトル、店名、地図、その他を一つひとつ大切に大切にお客に伝えていけば、結果としてリアルになっていくということを言いたいのです。

平田家具は家具屋特有のイメージチラシに陥ることなく、集客し売れるチラシを一貫して追求しています。

【全面広告】
朝日新聞（夕刊）
2009年（平成21年）6月26日　金曜日
平田家具　HIRATA【本店】【京橋店】
最新情報はホームページでチェックしてね!
関西最大級の家具アウトレット専門店
TakeOutX
厳選　毎月数量限定　100点!
本紙初登場!パワーアップニューアイテム!!
厳選100点商品をさらにパワーアップ!これからもどんどん魅力の商品を紹介します。
9,800円
39,800円
19,800円
39,800円
29,800円
29,800円
19,800円
19,800円
各15,800円
19,800円
39,800円
明日より開催
厳選100点!
100年に一度の大不況!平田家具が自信を持っておすすめします!
49,800円
39,800円
商品に関するお問い合せは下記店舗までお気軽にどうぞ。
19,800円
99,800円
99,800円
99,800円
139,600円
23,800円
関西最大級の家具アウトレット専門店
AM10:00～PM8:00
AM11:00～PM7:00

チラシ28

7 革新11～26、保守89～74のフレッシュなデザインか？

チラシを作るときのさらなるポイントは、「革新11～26」です。今までより11～26％はチラシをチェンジせよということです。「保守89～74」とは今まで通り長所を生かせということです。常に11～26％の間で自分を変えていれば、マンネリはありません。逆の89～74が不易であり伝統であり古典で、温存してゆくのも大切です。昔から温故知新といわれていることです。

チラシ29は本書で二度目の登場の創庫生活館のチラシです（一度目はチラシ11）。チラシ11と比べて明らかに

- 部門ごとの買取りチラシになっている
- 買い取ってほしいお客の立場に立って、高額買取りをする姿勢を打ち出している
- 金プラチナ製品と生活商品に明確にわけてチラシ作りをしている

こうして見ると、創庫生活館のチラシは26％ぐらいは変わった、革新したと言えます。チラシとは、すぐマンネリ化するものなので、「11％から26％は変えるぞ！」という意思、姿勢をもつことが大切なのです。それを支える方法、技術を本書で伝えてきたのですが、まとめます。

- ひたすら商品本位である
- 商品本位とは客本位である
- 客本位とは客の生活本位である
- 生活手段の商品をひたすら探求する
- 探求コンセプトは必需性と夢の2点
- 商品必需性と商品の夢、気さくさと夢の両面をチラシ作成者が生き続けていること

「自分の生きてきた姿」と「自分の今現在生きている姿」を、扱商品を通して商圏のお客様に伝えていくことがチラシ作りなのです。

扱商品でマンネリ化しないために、購入してくれる客に具体的に学び、その客の違う世界の生活を感じ、その客の世界で扱商品を学び直し、必需性と夢、気さくさとハイイメージの両面でまじめに、リアルに、かっこよく生きていく。そうしてチラシで自己主張しましょう。

期間限定!!
6月末まで
商品が不足しています
買います!
高額査定フェア
液晶テレビ
30%UP
食器棚
30%UP
通常より高〜く買います!!
「チラシを見た」で
20%UP
整理タンス
30%UP
冷蔵庫
30%UP
金・プラチナ製品
現金で買います!!
その場ですぐ現金をお支払い致します。
金・プラチナを10g以上お売り頂いた方になんと!
交通費として
もれなく
1,000円
プラス査定で
進呈!!
デザインが古くても壊れていても貴金属買い取り致します!
ブランド バッグ
・LOUIS VUITTON・CHANEL・HERMES
・BURBERRY・COACH・Christian Dior
・BVLGARI・GUCCI・Chloe
・BOTTEGA VENETA
創庫生活館
生野エコ店
大阪市生野区巽中3-15-2
10:00〜20:00 年中無休
TEL 06-4306-7000
登録無料
エコライフ ポイントカード
新規会員募集中!!
■東大阪エコ店
TEL：072-968-0808
■八尾エコ店
TEL：072-990-1414
■大和高田エコ店
TEL：0745-24-7007
■大阪柏原エコ店
TEL：072-970-2800
■富田林エコ店
TEL：0721-20-2223

チラシ29

地域ナンバーワンを目指します。
期間限定
高額査定!
買取満足度No.1に向かって
爆進中!!
家電製品
キズ 汚れ があっても
問題なく使えるモノ
大歓迎!!
是非お持ちください!!
ブランド食器
家具
ゲーム・CD・DVD
・プレイステーション3
・ニンテンドーDS・PSP
・Wii・邦画、洋画DVD・CDetc
ホビー雑貨
プレミア品フィギュアもお売りください
ノートパソコン
デジタルハイビジョンビデオカメラ
ブルーレイDVDレコーダー
デジタルカメラ800万画素
HDDコンポ
サイクロン式クリーナー
デジタルミュージックプレイヤー
ファクシミリ電話機
炊飯ジャー
スチームオーブンレンジ
乾燥機能付き洗濯機
エアコン
高額査定!
パソコン
大歓迎!!
季節外品でも年中買取致します!!
扇風機
電気ストーブ
こたつ
アンプ
時計
自転車
知育玩具
楽器
スポーツ用品
電動工具
釣具
テレホンカード・金券
ZIPPO&シルバーアクセ
衣料
バリバリ買取ります!
どんどんお売り下さい!
一点からでもOK!
生活雑貨
未使用品なら古くても箱が少々汚れていたり壊れていても大丈夫!
買取OKです。
ちょっとおしゃれな!?と思う箱が売り時です!

10章

チラシで自分自身を確立しよう

1 気さく（安く）・バラエティ（品揃え）豊か・夢があるチラシは当たる

どんなチラシが当たるか？　どうしたらチラシが当たるか？　これまでいろいろと検討してきました。

ひとつの結論は、**気さくでバラエティ豊かで夢のあるチラシは当たる**ということであり、それはチラシの商品**が安くて品揃えがあって夢がある**ことでした。

安い商品で集客が増えると、多くの違う客の影響を受け、あなたも気さくになって、ますます人が集まってきます。気さくな人に人は集まるのです。

品揃えが豊富でいろいろと選択でき、バラエティ豊かだと、集まって来た人が楽しんでくれて、また来てくれる。いわゆるリピーターが増えます。

夢があれば、もちろん商品とそれを提供する人に夢があれば、一目置かれて、「さすが」と人は言ってくれます。尊敬にもつながっていきます。

商品に安さ、品揃え、夢があるということは、それを提供する自分に気さくさ、バラエティの豊富さ、夢があるということです。ですから、逆にチラシがハズれたとき、自分の、商品の、チラシの「気さくさ」「バラエティの豊富さ」「夢」のどれが客の不支持になったのかをしっかりと検討することが求められます。

チラシがハズれる原因は左図のように、8通りのパターンが考えられます（3要素すべて○でもドシャ降りの雨のときはチラシはハズれます）。それを商品別、つまり単品別に検証しなければなりません。単品別に気さくさ（安さ）、バラエティの豊富さ（品揃え）、夢の三要素をきっちりと検証して、それを作成した自らの人間としての気さくさ、バラエティさ、夢をも探求していくことです。

チラシであれ、子供時代の絵であれなんであれ、自分の作品は自分の意識を具現化したものですから、その作品から逆に自らのやり方、あり方を分析、検証することで、よりよい作品に仕上げることができるのです。

本書も表面的なチラシのテクニック論ではなく、深層的商品論に仕上がりました。評価は読者に委ねます。

3つのポイントのうちどれが不支持になったのか？

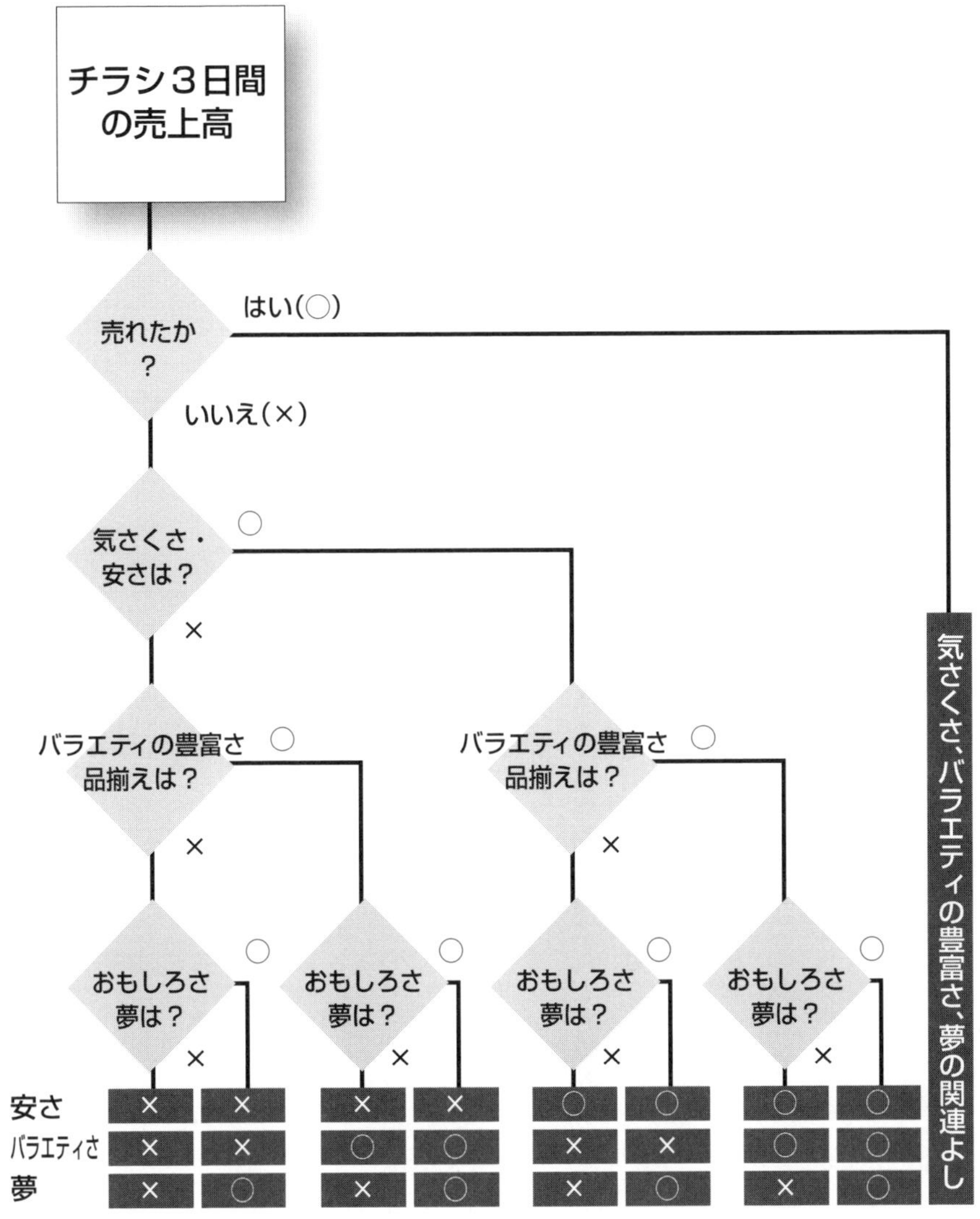

POINT **気さく（安く）でバラエティ（品揃え）豊かで夢があるチラシは当たる**

2 自分の気さくさ、バラエティの豊富さ、夢を検証する

チラシを当てるには、安さと品揃えと夢が三位一体で揃っていなければなりませんでした。

・安さとは単品のSEが商圏一安いこと
・そのSEをベースにして価格2倍未満の下グレードアイテムが揃っていること
・下グレードから続く中グレード、つまり価格3倍未満が揃っていること
・この中グレードの品揃えで、中グレードのほぼあらゆる客層を満たしていること
・夢のある上グレード、価格3倍以上の上グレードの汎用的アイテムが存在すること

こうした安さと品揃えと夢が三位一体となったチラシには、作成者の人としての気さくさとバラエティの豊富さと夢に裏打ちされていなければなりません。気さくな人柄の担当者は、SE商品でたとえ一円しか儲からなくとも、集客を第一に考え、SE作りにチャレンジします。単品SEや下グレードにチャレンジして、下からの集客努力をしているうちに、人柄がもっと気さくになります。

バラエティ豊かな多面的人柄の担当者は、あらゆる客層にフィットする中グレードの充実をはかるでしょう。あらゆる客層にフィットする中グレードの充実をはかっていくうちに、自らのセンスを広く深く専門家にしていきます。

夢を求めてブランド的生き方をしたい人は、夢のある上グレードや汎用的ブランド的アイテムにチャレンジします。夢のある上グレードや汎用的ブランドにチャレンジしていくうちに、自らを夢のある人間として創意工夫していくことになります。

安くて品揃えのある夢あるチラシを作る営みは、チラシ作成者の人としての気さくさ、バラエティの豊富さ、夢を充実させ、検証していくことになります。

チラシのやり方、あり方は、チラシ作成者の人柄や人間性をも決めていくのです。仕事の仕方が、仕事をしている人の人柄や人間性を規定するのです。

チラシ技術とチラシ作成者の人間性は連動する

人間性	チラシのあり方	チラシのやり方
気さくさ	安さ	自分にないエネルギーをもつ SE、下グレード
バラエティの豊富さ	品揃え	あらゆる客層にフィットする 中グレード
夢がある	夢ある商品と売り方	夢のある上グレード 汎用的ブランド的アイテム

POINT　チラシを当てて自己の気さくさ、バラエティの豊富さ、夢を明らかにしていこう

3 「気さくさ」は単品のSE・下グレードで安さを伝えて、集客すること

「気さくさ」「安さ」をチラシテクニックとして実行し、チラシを当てて自信をもち、自分の生きていく姿を明らかにしていくことが大切です。ここで「気さくさ」「安さ」を表現するチラシテクニックをまとめておきましょう。左のチェックリスト10項目を見てください。

安い単品、SEアイテムが存在して、そのアイテムは少なくとも一円以上儲かり、そのアイテムの売上、集客個数が多く、チラシ一等地で大きく目立っており、SEプライスは字体も目立ち生き生きし、SEであってもF価値がきちんと表現され、SEだからこそ売場一等地で訴求され、(若い)社員がSEの大切さを知っており、SEと下グレードアイテムが連動していれば、「単品MDの始元としてのSEを認識している」ということになります。

単品のSEと下グレードで安さを伝えて集客していくことが「気さくさ」のあるチラシを作成するポイントです。それはつまるところ、「単品MD(マーチャンダイジング)の始元としてのSEを認識している」ということです。

特に商品、単品の成り立ち、成長段階を身をもっては知らない若い社員達に、このことをしっかりと教え込まねばなりません。**自分がチラシを作ったり、関わったりするということは、自分という人間を商品というモノに仮託することです**。私たち人間は何かに仮託して、対象化して形あるものを示して、やっと他の人にわかってもらえる存在です。

若くて、経験不足であればなおさら、お客の商品購入単位の「単品」になればいいのです。単品になりきるトレーニングをして、SEから出発すればいいのです。単品のSEとは実は、今の自分そのものであり、これになりきって他の人、つまりお客に喜んでいただくことです。

チラシを当てるということは、チラシを見て来ていただく客に、何らかのことで喜んでいただくことであり、それは力相応にしかできませんが、単品のSEになって喜んでもらうことはできるのです。

「気さくさ・安さ」を明らかにするチェックリスト10

- □ 安い単品、地域で一番安いSEはあるか
- □ そのアイテムは１円以上の値入れがあるか
- □ そのアイテムの売上個数は多いか、つまり新しい客を集めているか
- □ ときとしてチラシ一等地で大きく目立っているか
- □ SEプライスは字体も目立ち生き生きしているか
- □ SEでもきちんとF価値は表現されているか
- □ SEは売場一等地で大切に訴求されているか
- □ SEの大切さを店員、特に若い社員に伝え死守させているか
- □ SEと下グレードアイテムの連動をはかっているか
- □ 単品MDの始元としてのSEを認識しているか

POINT　**気さくさ・安さをSE中心に打ち出して（新規客）集客をチラシでやろう**

4 「バラエティの豊富さ」は単品の中グレードを全客層向けに品揃えしてリピート客をとること

新人社員も客に鍛えられ、少しずつバラエティ豊かな中堅社員に育っていくものです。そうなったら、SE・下グレードから中グレードに挑戦し、自己の幅、つまりバラエティを充実させるときです。

「バラエティの豊富さ」「品揃え」を表すチラシテクニックをまとめておきましょう。左のチェックリスト10項目を見てください。

SE価格の2倍以上の中グレードアイテムを品揃えし、そのアイテムは十分（30～50％の値入率）値入れがあって儲かり、その中グレードアイテムは下グレードアイテムと連動し、中グレードアイテム品揃えは（F×S）の価値で競合店以上であり、中グレード品揃えの中に、売りたい商品＝売り筋逸品がきちんとあって、品揃え基準の（F×S）がチラシで明確に表現され、売り筋逸品はチラシで圧倒的に目立ち、売り筋逸品の関連アイテムが明確で、中グレードアイテムの価格をSEの2・9倍まで挑戦し、要するに**中グレード（SE価格の2～2・9倍）が全客層をみたす品揃えであること**です。

一番客数が多く、要求レベルがそれなりに求められる中グレードの品揃えを一番にして、それをチラシに表現していくことこそ大切です。

単品品揃えの核は、中グレードの品揃えにあります。なぜならこれが儲けさせてくれるリピーター作りにもなるからです。

価値のわかる、価値にうるさい中グレードの客に何度も何度も継続して購入してもらい儲けていくためには、品揃えする自分が価値のわかる、価値にうるさい中グレード商品を知り尽くしておかなければなりません。

そのために（F＋f）×（S＋s）の価値に即して商品を見抜き、選び出すセンスを養わねばなりません。

男女別、世代別、所得別、趣味別等のセンスが客の視点、思いでみがかれていなければなりません。

中グレードを品揃えする力はひたすらセンスの力なのです。

「バラエティの豊富さ」を明らかにするチェックリスト10

- □ SEの２倍以上の中グレードアイテムは品揃えされているか
- □ そのアイテムは十分値入れがあって儲かるか
- □ SEの２倍未満の下グレードアイテムとの関連はあるか
- □ 品揃えは(F×S)価値で競合店以上か
- □ 品揃えの中に、中グレードの売り筋商品はあるか
- □ 品揃え基準の(F×S)はチラシで明確か
- □ 中グレード売り筋商品はチラシでも圧倒的に目立つか
- □ 中グレード売り筋商品の関連アイテムは明確か
- □ 中グレードアイテムの価格はSEの2.9倍までチャレンジしているか
- □ 中グレード(SE価格の2～2.9倍)は全客層をみたす品揃えであるか

POINT

バラエティの豊富さ、品揃えをあらゆるセンスを鍛えて充実させ、あらゆる客層にフィットするチラシにしよう

5 単品の上グレードで「夢」を伝えて一目置かれる

「SE↓下↓中グレード」と積み上げてきた単品品揃えが、上グレードまできました。SEの3倍以上の上グレードアイテムが存在していなければ、店に売り場に、そしてチラシに夢がありません。「夢あっての現実」「夢があるから現実の辛さに耐えられる」のが私たち人間の宿命です。その夢のための10のチェックリストをまとめてみました。

- SEの3倍以上の上グレードアイテムは存在するか
- それは中グレードの集約統合アイテムとしての上グレードか
- その上グレードアイテムのF価値の基である素材は本物か
- その上グレードアイテムのS価値の基である作りは本物か
- その上グレードの（F×S）はチラシでズバリ表現されているか
- それは、なんらかの「地域ブランド」「PB」としての大義はあるか
- 売りたい商品、「売り筋逸品」として大切に継続してチラシ訴求しているか
- 経営者をはじめキャラクターと一体で訴求しているか
- 上グレードとしてチラシで特別なデザインにしているか

要するに、**上グレードは売り筋逸品として客層が明快であるか**ということなのです。

下・中グレードと、この上グレードは明らかに商品価値が違います。中グレードの品揃えの成果のまとめとしての一品、逸品たるべきです。

売る側の安直な思いや夢でやったら、売れ残ります。上グレードほど難しいのです。そこに明快な売れる客層が存在しないのなら、やってはなりません。

売る人に「お客が見えている」ということは、それにふさわしい夢ある人になっているということです。そこではじめて上グレード挑戦が許されるのです。

「夢」を明らかにするチェックリスト10

- □ SEの３倍以上の上グレードアイテムはあるか
- □ それは中グレードの集約統合アイテムとしての上グレードであるか
- □ 上グレードのFの基である素材は本物であるか
- □ 上グレードのSの基である作りは本物であるか
- □ 上グレードの(F×S)がチラシでズバリ表現されているか
- □ なんらかの「地域ブランド」「PB」として大義はあるか
- □ 売り筋逸品として大切に継続してチラシ訴求しているか
- □ 経営者はじめキャラクターと一体で訴求しているか
- □ ハイグレード、上グレードとして
  チラシでデザイン的にも違う扱いをしているか
- □ 上グレード3倍以上は売り筋逸品として客層が明解であるか

POINT
中グレードのまとめとしての上グレード一品、逸品に挑戦する夢をもち、チラシ訴求で夢を現実化していこう

⑥ 単品の「ＳＥ↓下↓中↓上グレード」を商圏ＮＯ１にして気さく・バラエティ・夢一番になる

ここで今までのまとめをしましょう。「気さく・バラエティ・夢一番」「安さ・品揃え・夢一番」の単品一番商法を実践してこそ、チラシが当たるということなのです。

皆さんのまわりにいる、気さくで人としての幅が広く大志を抱いて生きている人とその作品にはすばらしいオーラがあって、多くの人が集まってくる例がありませんか？　そういう人の作品と当たるチラシは大変似かよっています。

当たるチラシの特徴をまとめると次のようになります。

- ＳＥは商圏のプライスリーダーとして一番安い
- 下グレードは品揃えで安さ感がある
- 中グレードは品揃えで充実感がある
- 上グレードは品揃えの逸品感がある
- 「ＳＥ↓下↓中↓上」で単品一番商法をしている
- その単品一番商法のノウハウを他の単品にも広げている
- さらに単品ライン一番商法もやって他を寄せつけない
- それが部門一番につながっていく

以上、どのレベルでも商品のあくなき探求をやり、チラシに表現されている。そしてそのチラシの当たり具合に応じて不断に商品メンテナンスを行っているチラシが当たるのです。チラシのデザインに左右される面もありますが、そんなことはチラシを当てるための7～11％程度にすぎません。大半の80％以上はチラシに載せる、表現する商品、単品、グレード、アイテムの良し悪しによります。**チラシは商品を表現するペーパーです。表現技術よりも商品そのものがポイント**なのです。

「いや、その商品が変わらないから、やはりチラシ表現技術が重要だ」と言う人は表面的流行的に生きている人、オーラも何もない人だと言えるでしょう。

チラシを当て続けている人はスゴい。イトーヨーカ堂にはそういう人材が多い。ダイエーには少なかったから、今の結果となったのです。

「単品一番商法」を明らかにするチェックリスト10

- □ SEはプライスリーダーとして商圏一安いか
- □ 下グレードに品揃えの安さ感はあるか
- □ 中グレードに品揃えの充実感はあるか
- □ 上グレードに品揃えの逸品感はあるか
- □ 「SE→下→中→上」で単品一番商法をしているか
- □ 単品一番商法の単品を広げているか
- □ 単品ライン一番商法を１単品ラインくらいはやっているか
- □ 単品ライン一番商法で部門一番につなげているか
- □ 以上、商品であくなき探求をやり、チラシに表現しているか
- □ チラシの当たり具合に応じて不断に商品メンテナンスを行なっているか

POINT

単品一番商法を商品本位に探求していけばチラシは必ず当たる

7 一単品で商圏一安く、気さくでバラエティ豊かで夢ある人間になる

一単品で商圏NO1になった人にはオーラがあります。そういう魅力ある人材と関わり、育てることを私の経営コンサルティングの核にしてきました。

「一単品で商圏一安く、気さくでバラエティ豊かで夢ある人間になろう」とは、万人が望むところです。

そのための10のチェックリストを確かめましょう。

- SEで安さ一番のプライスリーダーとなっているか
- 下グレードで気さくさを出し切っているか
- 中グレードでバラエティ豊かな豊饒感をかもし出しているか
- 上グレードで夢ある逸品を表現し切っているか
- 「SE→下→中→上」で単品一番商法をしているか
- 単品一番自信商法が広がり、一番単品が増えているか
- 単品ライン一番商法で自信の幅を広げているか
- 単品ライン一番商法で部内一番につなげているか
- 自分を商品として表現し、チラシでその一番を表現しているか
- チラシの当たり具合で不断に商品メンテナンスを行ない自己革新しているか

この資本主義社会では**「自分を商品として表現し」、アイテム、単品、単品ライン、部門として具体的に自己表現しなければなりません。**

赤の他人であるお客には、具体的に商品を表現しなければ自分という人間は伝わりません。その大切な販促手段としてチラシというものがあるのです。

子供の素朴な絵、学生の力を込めた書、若いときの懸命のラブレター、そして売るために必須のチラシやDM、自分表現、自己PRとしてのコミュニケーション、セールスプロモーション媒体の中でも、特にチラシは自信に溢れたものでなければなりません。

商品として自分を鍛え、「気さくでバラエティ豊かで夢ある人間」になってゆかねばなりません。

自分を商品として表現するためのチェックリスト10

- □ SEで安さ一番のプライスリーダーとなっているか
- □ 下グレードで気さくさを出し切っているか
- □ 中グレードでバラエティ豊かな豊饒感をかもし出しているか
- □ 上グレードで夢ある逸品を表現し切っているか
- □ 「SE→下→中→上」で単品一番商法をしているか
- □ 単品一番自信商法が広がり、一番単品が増えているか
- □ 単品ライン一番商法で自信の幅を広げているか
- □ 単品ライン一番商法で部門一番につなげ、自信の幅を広げているか
- □ 以上、商品としてあくなき自分を表現し、チラシでその一番を表現しているか
- □ チラシの当たり具合で不断に商品メンテナンスを行ない自己革新しているか

POINT
チラシで単品一番、自己の人間一番を主張していけばかならずお客に伝わる

8 一単品でオンリーNO1となり自信を持って生きていこう

人生は長いのですから、一アイテムくらい一番にしてみませんか？　そして一アイテムで一番になったら、単品を一番にすることに挑戦しましょう。一品、一単品で商圏NO1、オンリーNO1を立証しましょう。

オンリー1では甘い、オンリーNO1となってこそ、不動不惑の人生を送れるのです。オンリーNO1商品になって、オンリーNO1経営をやって儲けましょう。オンリーNO1経営で、オンリーNO1人生を生きましょう。オンリーNO1人生は、一品をオンリーNO1にすることからしかなり得ません。

一品オンリーNO1は、いつでもどこからでもできます。**チラシは一品をオンリーNO1商品にするための必須販促媒体**ですから、一品オンリーNO1でチラシ等の販促媒体の再構築を行いましょう。

要するに、**一単品でオンリーNO1となり、自信ある人生を生きていこう**ということを、私は一貫して読者の皆様に伝えたかったのです。

そのためのチラシ、販促媒体なのです。その手法をあれこれ皆さんと共に考えてきました。

目先でチラシを当てようとの思いで、まずはチラシを作るのですが、失敗して一過性で終わる人と持続的に当てていく人がいます。その質差が左のまとめの10のチェックリストです。

- 長い人生、一品くらいは一番にしましょう
- 一品が一単品に拡充していきます
- あなたの一品、一単品がすでにオンリーNO1です
- それをオンリーNO1の不動の自信に高めましょう
- オンリーNO1商品でオンリーNO1経営をやりましょう
- オンリーNO1経営でオンリーNO1人生を生きましょう

「オンリーNO1人生は一品オンリーNO1から」であり、そのためにチラシを有効活用していきましょう。がんばってください。

オンリーNO.1となり自信を持って生きるためのチェックリスト10

- □ 長い人生１アイテムぐらい一番にしよう
- □ 逸品・１アイテム一番なら１単品一番に挑戦しよう
- □ 逸品・１単品商圏No.1でオンリーNo.1を立証しよう
- □ オンリー１は甘い夢、オンリーNo.1で不動の自信を
- □ オンリーNo.1商品でオンリーNo.1経営をやって儲けよう
- □ オンリーNo.1経営でオンリーNo.1人生を生きよう
- □ オンリーNo.1人生は一品オンリーNo.1から
- □ 一品オンリーNo.1はいつでもどこからでもできる
- □ 一品オンリーNo.1にチラシは必須販促媒体である
- □ 一品オンリーNo.1でチラシなどの販促媒体の再構築を行おう

POINT

「たかがチラシ、されどチラシ」チラシ１単品オンリーNo.1となり自信ある人生を生きていける

著者略歴

宮内　亨（みやうち とおる）

1946年生まれ。山口大学で社会学と哲学を学び、日立系企業でコンピュータと中小企業診断に関する技術を身につけ、株式会社船井総合研究所で価値のマーケティングを体系化する。中小企業診断士・経営コンサルタントとして、30年間で80業種1500社を超す企業の売上・粗利アップ指導に従事。10年後、20年後を見据えた、骨太の21世紀型マーケターとして、日本全国に多くのファンを持つ。

現在、有限会社経営コンサルティングアソシエーションの代表として、経営コンサルタントの王道を突っ走っている。

■連絡先
〒530-0003
大阪市北区堂島２丁目２番23号 白雲ビル303
有限会社経営コンサルティングアソシエーション
TEL：06-6344-3636

図と写真でわかる！　**当たるチラシの９原則**

平成22年10月６日　初版発行

著　者――宮内　亨
発行者――中島　治久

発行所――同文舘出版株式会社
東京都千代田区神田神保町1-41　〒101-0051
電話　営業03（3294）1801　編集03（3294）1802
振替00100-8-42935

 ISBN978-4-495-58741-3
印刷／製本：萩原印刷　Printed in Japan 2010